能力主義と教育基本法「改正」

非才、無才、そして障害者の立場から考える

北村小夜 著

現代書館

能力主義と教育基本法「改正」＊目次

装幀　若林繁裕

一　心と体が国に奪われる

障害者を排除した『心のノート』――障害者は愛国者になれない

文部科学省（以下、文科省）は二〇〇二年四月、全国の小・中学生全員に道徳教材『心のノート』を配った。現在は文化庁長官でもある臨床心理学者の河合隼雄氏らの協力で、七億三千万円もかけて作成されたものである。教科書でも副読本でもないというが、学習の主体である子どもはもちろん、教員や保護者の意向など全く無視して一方的に配るのだからまさに国定教材である。

小学校一・二年用、三・四年用、五・六年用、中学校用と四種類ある。いずれも上等な紙にきれいな色遣いで体裁は立派であるが、内容は旧態依然。もちろん文科省発行であるから、当然学習指導要領「道徳」に沿っている。指導要領の内容は、１自分自身に関すること、２他人とのかかわり、３自然や崇高なものとのかかわり、４集団や社会とのかかわりで、それぞれに三〜一〇の徳目が並んでいる。それが学年に即した形で四冊に繰り返されている。例えば、３の低学年では「うつくしいとかんじるこころ」が高学年になると「畏敬の念をもとう」になり、４の低学年で「あなたのそだつまち」が高学年、中学校になれば「学校や国を愛する」に育ってしまうという具合である。1や2の、自律して、分を弁《わきま》えるよい子は、国を愛する民になる条件という形の仕組みは教育勅語と同じ筋道である。

徳目も目次を比べてみれば教育勅語下の「修身」と共通のものが多いことがわかる（七、八頁参照）。徳目の一つひとつが似ていても、建国神話が直接登場するわけではない。しかし、四冊のどれもが、悠久の自然とでも言いたげな海・山・樹々と広い空、流れる雲、湧きあがる雲を背景にした扉で始まる。各ページの余白も雲で埋められている。なぜこんなに雲にページを費すのか。神話を歴史として教えた国定教科書で育った私には、いずれ建国神話を教える婉曲な意図にみえる。日本は瓊瓊杵尊《ににぎのみこと》が天照大神の命を受け、高天原《たかまがはら》から雲に乗って伊弉諾尊《いざなぎのみこと》・伊弉冉尊《いざなみのみこと》がつくった国土である高千穂の峰に降り立つところから始まるとされていた。『心のノート』のどのページのどの雲にもこれらの神々を乗せることは容易である。

『心のノート』の問題点は、作成・配布の手続きが不届きなこと、内容が修身的な古い道徳観に基づいていることだけではなく、その徳目の扱い方である。修身が専ら説諭的であったのに対して、『心のノート』は徳目ごとに自己点検・自己評価を強い、解決策をみつけて書き込ませる仕組みになっている。例えば修身の〝アヤマチヲカクスナ〟そっくりの〝あやまちを「たから」にしよう〟で（九頁参照）はなぜあやまちをおかしてしまったかを問いながら、期待する解答がすぐみつかるように用意されている。子どもは求められているものを敏感に見抜く。心にもない

第三期国定教科書「修身」のもくじ

尋修一

（小一）

尋修三

（小三）

『心のノート』目次

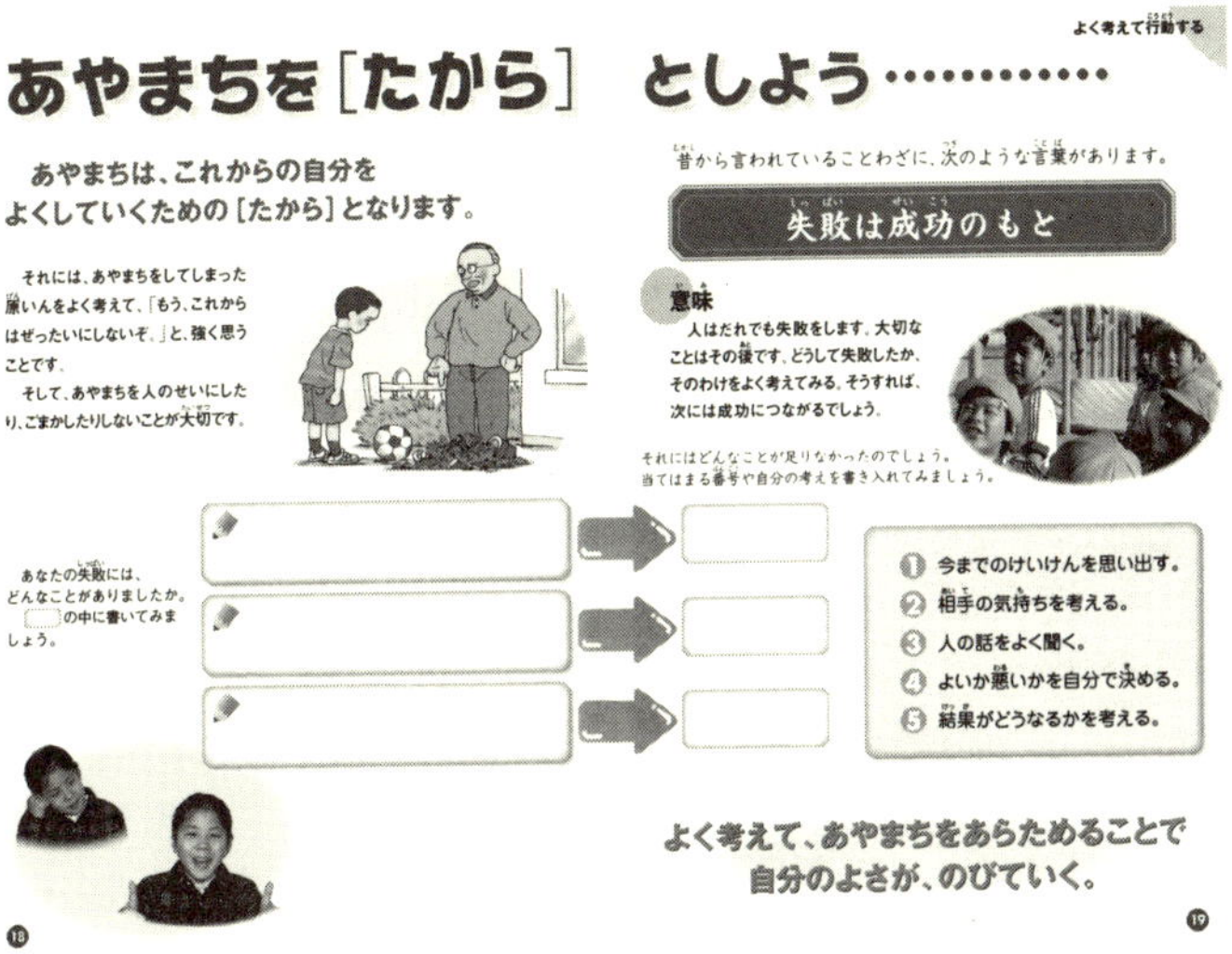

『心のノート』（小学校３〜４年用）

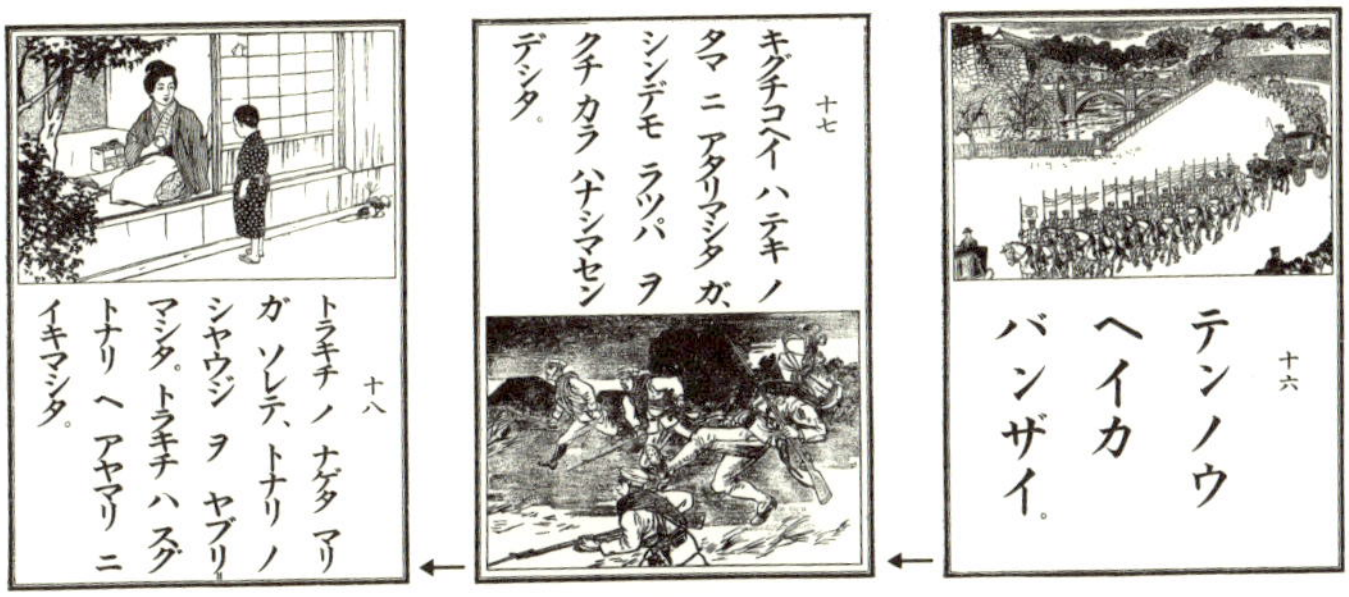

国定教科書「修身」小一

ことでも要求に応じて書く。続けているうちに、それが自分の考えのようになっていく。このあたり心理学者の関与が大きいのであろうが、教師用手引書にいう「一人一人の児童生徒が道徳的価値を求め、自覚していく」ことにするための手法である。

『心のノート』の作成・配布は、改憲をめざす「日本会議」等の圧力によるという噂もあるが、教育改革国民会議の提言の一つである〝学校は道徳を教えることをためらわない〟を促す目的であることは間違いない。

当初文科省原案で二億円弱であった道徳関連予算が財務省原案で八億六千万円になり、うち七億三千万円が『心のノート』に充てられ、そのため段階的配布の予定が急拠一斉配布になったという。確かに七億というのは大きな額であり、それが動くということはそれなりの意図があってのことであろうが、七億三千万円を、全児童生徒数一一一五万人で割ると六五・五円にしかならない。『心のノート』の市販本にはそれぞれ三六〇円から四三〇円までの定価がついている。単に定価だけで判断することには無理があろうが、さらに多くの額が投じられていることが考えられる。その額は必ず圧力になってくるはずである。

配布直後、教育現場では突然の闖入に怒りや戸惑いの声があがり、多くは放置されていた。その事態に、自民党の塩田晋衆議院議員が「子どもの手に渡っていないのではないか」という質問をするや（二〇〇二年七月十日）、待っていたかのように文科省は翌々日の七月十二日、配布状況調査を行った。

資料

各都道府県・指定都市教育委員会
指導事務主管課長　殿

文部科学省初等中等教育局教育課程課長
布村　幸彦〔公印〕

「心のノート」の配布状況について（照会）

道徳教育の充実については、日頃から御配慮を賜り御礼申し上げます。

さて、文部科学省では、道徳教育の充実に資するため、「心のノート」及び「心のノート」教師用活用の手引きを各都道府県・市町村教育委員会等を通じて配布したところであり、各学校において有効かつ適切に活用されることを期待しています。

ついては、このたび「心のノート」の児童生徒への配布状況について調査を実施することとしましたので、下記の要領により、平成十四年八月十九日（月）までに、当職あて回答願います。

なお、今後「心のノート」の活用状況（学校における具体的な活用の仕方、児童生徒や保護者の意見等）について、調査を実施する予定があることを申し添えます。

記

1　調査時期は、本年度の夏期休業前の時点とする。
2　この調査の対象となる学校は、公立の小学校、中学校及び中等教育学校とする。（盲・聾・養護学校は調査の対象としない。）
3　下の様式により、配布状況をまとめるものとする。

都道府県市名	
担当者職・氏名	
連絡先電話番号	

市町村名	所管小学校数	配布していない小学校数（内数）	所管中学校数	配布していない中学校数（内数）
○○市				
●●町				
△△村				
◇◇学校組合				
県立学校				
計				

4　県立学校については「市区町村名」欄には、「県立学校」と記入する。また、中等教育学校（前期課程）は中学校として扱う。

5　分校は本校と合わせて一校とする。

6　全ての学級の全ての児童生徒に配布されている状況を「配布されている」ものとし、これに該当しない学校の数を「配布していない小学校数」「配布していない中学校数」の欄に記入する（全ての学校で配布されている場合は「0」を記入する）。ただし、特殊学級について、個々の児童生徒の障害の状態や程度を考慮し、「心のノート」を使用することが著しく困難と判断された場合は除くものとする。

7　組合立学校について、遺漏のないよう留意する。

8　提出先　文部科学省初等中等教育局教育課程課教育課程第一係

〒一〇〇－八九五九　東京都千代田区霞が関三－二－二

TEL　03-5253-4111（内線 2903）

ところがこの調査、活用を期待しての調査としながら、記の2に、「この調査の対象となる学校は、公立の小学校、中学校及び中等教育学校とする。（盲・聾・養護学校は調査の対象としない。）」とあり、また6に、「特殊学級について、個々の児童生徒の障害の状態や程度を考慮し、『心のノート』を使用することが著しく困難と判断された場合は除くものとする」とある。絵本調で文字も大きく親しみやすそうに見えるのにである。しかも学校までは配られているのにである。なぜだろうか。

善意に解釈すれば、『心のノート』があまりにも健常者中心に作成されている後ろめたさであろうか。目を皿のようにして探しても、『心のノート』低学年用には障害者は全く出てこない。中学年用には、〝目標をもってやりぬく〟という大げさな徳目の具体例の一こま〝やさしい人になりたい〟として、おとなの視覚障害者に少年が肩を貸して横断歩道を歩く場面の小さな絵がある。高学年用には〝社会のために進んで働く〟の〝手伝う〟ということまで、成人の障害者の車椅子を押す場面がある。また〝よりよい校風をつくる〟の一こまとして肢体不自由養護学校との交流と思われるが、車椅子にさわっている場面がある。中学生用には街の風景の中に車椅子の人が一人いるだけである。

最近は、ごく普通に歩いていても、もう少し多様な障害者に出会うものであるが、かろうじてみつけたのがこれだけである。いずれも思いやりや交流の対象であって、健常児と共に学ぶ姿ではない。障害児を学ぶ主体と認めていないのである。

『心のノート』による道徳教育の目的は、中学校用の最後にある「我が国を愛し、その発展を願う」国民の育成である。修身の「よい日本人」に当たる。障害児はこのような国民として育成するに足りないと言うのであろう。強制配布から二年、通常学級の子どもたちはさまざまな形で活用を強いられている。だからといって、障害児が排除されることで免れることを望むわけではない。誰だっていやなもの不当なものは自分ではね返さなければならない。

『心のノート』の作成・配布・使用義務の法的根拠については、国会でも何度か取りあげられているが、二〇〇二年二月二十七日、衆議院予算委員会第四分科会において中川智子議員(社会民主党)が遠山文科大臣に質問したのに対して、矢野政府参考人は「『地方教育行政の組織及び運営に関する法律』で文科大臣は地方公共団体に対して、教育行政にかかわって必要な指導・助言・援助ができるとされている。その一環として行ったものである」。「国の指導・助言・援助の一環として行ったことを受けて、各学校の設置者である市町村、あるいは学校が、道徳用教材として使用すると決定すれば、それぞれの学校の教職員には使用しなければならない義務が課せられる」と答えている。

もうただごとではない。こんなことが許されるなら、不十分ながらいまある教科書検定制度も採択の制度も無視して国定教科書が乱発されかねない。

資料・地方教育行政の組織及び運営に関する法律

第五章　文部大臣及び教育委員会相互間の関係等

(文部大臣又は都道府県委員会の指導、助言及び援助)

第四十八条　地方自治法第二百四十五条第一項又は第四項の規定によるほか、文部大臣は都道府県又は市町村に対し、都道府県委員会は市町村に対し、都道府県又は市町村の教育に関する事務の適正な処理を図るため、必要な指導、助言又は援助を行うものとする。

2　前項の指導、助言又は援助を例示すると、おおむね次のとおりである。

一　学校その他の教育機関の設置及び管理並びに整備に関し、指導及び助言を与えること。

二　学校の組織編制、教育課程、学習指導、生徒指導、職業指導、教科書その他の教材の取扱その他学校運営に関し、指導及び助言を与えること。

三　学校における保健及び安全並びに学校給食に関し、指導及び助言を与えること。

四　校長、教員その他の教育関係職員の研究集会、講習会その他研修に関し、指導及び助言を与え、又はこれらを主催すること。
五　生徒及び児童の就学に関する事務に関し、指導及び助言を与えること。
六　青少年教育、婦人教育及び公民館の事業その他社会教育の振興並びに芸術の普及及び向上に関し、指導及び助言を与えること。
七　体育の普及及び振興に関し、指導及び助言を与えること。
八　指導主事、社会教育主事その他の職員を派遣すること。
九　教育及び教育行政に関する資料、手引書等を作成し、利用に供すること。
十　教育に係る調査及び統計並びに広報に関し、指導及び助言を与えること。
十一　教育委員会の組織及び運営に関し、指導及び助言を与えること。

強制される健康──「健康日本21」～健康増進法

戦争中、障害者は「非国民」「ゴクツブシ」と呼ばれ、身をひそめて生きていかなければならなかった。その実態は、障害者の太平洋戦争を記録する会編『もうひとつの太平洋戦争』（立風書房、一九八一年）や、鈴木栄助著『ある盲学校教師の三十年』（岩波新書、一九七八年）等に詳しいが、なかでも深刻であったのが精神障害者で、自由に外出できない入院患者は食糧不足の影響をまともに受け、餓死に等しい栄養障害で亡くなった人が少なくなかった（塚崎正樹編『声なき虐殺』一九八三年、ＢＯＣ出版部）。

二〇〇三年五月、健康増進法が施行された。戦争をするためには、国策を支える国民の心とともに丈夫な体が必要である。『心のノート』ですべての子どもが国の望む愛国者になるとは限らないが、少なくとも内心はともかく、外見は従う術を身につけるだろう。

健康増進法についてマスコミは、私鉄や学校が禁煙にしたなど受動喫煙のことしか報じなかったが、実はかなり物騒な法律である。

この法律の成立は『ジャパン・メディシン』紙によれば、生活習慣改善を重視した「二十一世紀の国民健康づくり運動」（通称「健康日本21」）が二〇〇〇年二月にスタートしたにもかかわらず、厚生労働省（以下、厚労省）の事務次官通知であるため順調に進まず、地方自治体から法的根拠を求められてのことという。背景には高齢化等によって負担が増大している医療費の削減のねらいがあり、そのための自己責任論の創出だと考えられる。

第一条の目的をみると、「国民保健の向上を目的とする」とある。これは素直に読めば有難いことであるが、第二条の国民の責務をみると、「健康の増進に努めなければならない」と義務づけられている。あるべき健康観が示され、国民全体がそれに従って努力することを義務化されるのは恐しいことである。健康が尊重されるということは、対極にある病者や障害者が蔑視されることである。

国が国民の健康に最もよく留意したのは、ナチスドイツであったことは有名である。その禁煙対策、がん対策、そして優生思想は徹底していた。行きついたのがホロコーストである。ナチスドイツは戦う体制づくりの施策の一つとして体力づくりを挙げていた。ふり返ってみると一九三〇年代、四〇年代は日本も同様であった。

日清・日露の戦争を経て、二十世紀に入るや、一人ひとりの生命を大切にするという意図ではなく、健康な兵士や工場労働者を必要とする国家的要請から体質改善が叫ばれた。現われたのがラジオ体操と健康優良児表彰である。

ラジオ体操は一九二八年、昭和天皇の大礼記念事業として始まり、全国津々浦々にラジオ体操の会ができ、いまも受け継がれている。同時に体力づくりの機運が高まり、男子青年体操、女子青年体操、産業体操、建国体操なども生まれている。

一九七八年まで続いた健康優良児の表彰は、一九三〇年に文部省の後援を得て朝日新聞社の主催で始まった。全国の小学校から知力・体力・操行の優秀な男女を一人ずつ推薦させ、地方長官を会長とする地方審議会を経て、中央審議会が最終決定をする仕組で、健康国策に沿ったものとして毎年はなばなしく行われた。一九三八年からは優良児を育てた「母」も表彰されている。

一九三八年には、厚生省が発足している。同年に制定された国家総動員法の「国家が必要とする時、すべての人的・物的資源を統制運用できる」の人的資源の確保が役割であった。一九三九年には「産めよ増やせよ国の為」という標語が生まれている。一九四〇年には「政府は国民体力の向上を図るため本法の定むる所により国民の体力を管理する」として国民体力法を制定し、「帝国臣民たる未成年者」に体力検査を義務づけ、受検者には「体力手帳」が交付された。同年には優良多子を確保するため「国民優生法」も発布されている。

こうした健康の指標としての「体力」の強調は、満州事変（一九三一年）、日中戦争（一九三七年）、アジア太平洋戦争（一九四一年）と続く戦争期に極点に達するが、それは同時に健康を害している人や障害をもつ人々を疎外し、生きにくくしていった。

このところ学校だけでなく巷でも健康や食、子育てについてのキャンペーンを目にすることが多い。健康増進法に続いて、少子化社会対策基本法も成立した。出会いから不妊治療まで国がかかわろうというのである。

すでに、心と体が国の管理下に入ってしまった。すでに臨戦体制である。学校はその中心にある。

資料・健康増進法の概要

第一章　総則

（1）目的

国民の健康の増進の総合的な推進に関し基本的な事項を定めるとともに、国民の健康の増進を図るための措置を講じ、国民保健の向上を図る。

①都道府県健康増進計画及び市町村健康増進計画の策定に関する基本的事項

②国民健康・栄養調査その他の調査・研究に関する基本的事項

③健康増進事業実施者間の連携及び協力に関する基本的事項
（2）責務
①国民　健康な生活習慣の重要性に対し関心と理解を深め、生涯にわたり、自らの健康状態を自覚するとともに、健康の増進に努める。
②国及び地方公共団体　健康の増進に関する正しい知識の普及、情報の収集・整理・分析・提供、研究の推進、人材の養成・資質の向上を図るとともに、関係者に対し、必要な技術的援助を与えることに努める。
③健康増進事業実施者（保険者、事業者、市町村、学校等）　健康相談等国民の健康の増進のための事業を積極的に推進するよう努める。
（3）国、地方公共団体、健康増進事業実施者、医療機関その他の関係者の連携及び協力

第二章　基本方針等（「健康日本21」の法制化）
（1）基本方針
国民の健康の増進の総合的な推進を図るための基本方針を厚生労働大臣が策定。
①国民の健康の増進の推進に関する基本的な方向（例：目標の設定・評価の必要性、関係者の連携の推進、休日・休暇を活用した健康増進のための活動の促進、実践の場の普及等）
②国民の健康の増進の目標に関する事項

⑥食生活、運動、休養、喫煙、飲酒、歯の健康保持その他の生活習慣に関する正しい知識の普及に関する事項

⑦その他国民の健康の増進の推進に関する重要事項

（2）都道府県健康増進計画及び市町村健康増進計画（住民の健康の増進の推進に関する施策についての計画）の策定。

（3）健康診査の実施等に関する指針

生涯を通じた健康自己管理を支援するため、健康増進事業実施者による健康診査の実施及びその結果の通知、健康手帳の交付その他の措置に関する指針を厚生労働大臣が策定。

第三章　国民健康・栄養調査等

（1）国民健康・栄養調査を実施（現行の栄養改善法による国民栄養調査を拡充）

（2）生活習慣病の発生状況の把握

国及び地方公共団体は、生活習慣とがん、循環器病その他の生活習慣病との相関関係を明らかにするため、生活習慣病の発生状況の把握に努める。

第四章　保健指導等

市町村　栄養改善その他の生活習慣の改善に関する事項についての相談・保健指導

都道府県等　特に専門的な知識・技術を必要とする栄養指導等の保健指導（現行の栄養改善法による市町村の栄養相談等及び都道府県等の専門的な栄養指導等に関する規定を拡充）

第五章　特定給食施設等

（1）特定給食施設における栄養管理（現行の栄養改善法による集団給食施設における栄養管理の規定を引き継ぐとともに、所要の規定を整備）

（2）受動喫煙の防止

学校、官公庁施設等多数の者が利用する施設を管理する者は、受動喫煙を防止するために必要な措置を講ずるよう努める。

第六章　特別用途表示及び栄養表示基準

現行の栄養改善法による特別用途表示制度及び栄養表示基準制度を引き継ぐ。

附則

（1）施行期日

公布日から九月を超えない範囲内で政令で定める日二〇〇三年五月一日（健康診査の実施等に関する指針に関する規定については、公布の日から二年を超えない範囲内で政令で定める日）

（2）各法の改正

医療保険各法を改正し、保健事業の適切かつ有効な実施を図るための指針を定める。栄養改善法は廃止する。

（『ジャパン・メディシン』二〇〇二年二月十九日号　より）

二　能力主義を支えてきた特殊教育

基礎学力の充実のために

一九六一年、文部省が刊行した広報資料のなかに「わが国の特殊教育」がある。これは、その第一章の特殊教育の使命という部分である。これを読むと、特殊教育の学校や学級が障害児の就学の機会均等の保障と同時に、普通学級の教育をスムーズに行うための手に余る子の受け入れ先であることがあからさまに述べられている。ここでは副次的な役割と言っているが、むしろこの役割があったからこそ特殊教育は「発展」してきたと言うべきであろう。

資料　「わが国の特殊教育」

第一章　特殊教育の使命

1　教育の機会均等と特殊教育

明治以来、わが国の義務教育についての思想は、国民のあいだに深く行きわたっていて、大部分の親達は、わが子が「学校にあがる」年の来るのを指折り数えて待っています。人並みに「学校にあがれない」ということは、親にとっても子にとっても辛い悲しいことなのです。そこで、こどもの心身の状態から多少無理だと思われても、あえてその無理を冒して就学させがちなのです。ところが、小学校六年間、中学校三年間の年月を無理のままで押し通しきれなくなってしまいます。

このへんの事情を、まだその受け入れ体制が整っていない肢体不自由児の場合を例にとって、やや詳しく調べてみましょう。

無理を重ねて就学した結果　文部省で昭和二十九年度に行った肢体不自由児実態調査によれば、全国六万八千名の学齢肢体不自由児のうち、就学を猶予または免除されている者はわずか七％程度で、大部分は手足の不自由を冒して、法令上の就学者となっています。ところが、その就学者のうち、五・六％はその後まもなく休学してしまって、事実上の不就学者となっているのです。

さらに注目すべきことは、休学するまでにはならない者でも、欠席をする者が非常に多いこと、しかも、その欠席の期間が非常に長びいているということです。

もちろん、普通児でも欠席はしましょう。しかし普通児の欠席は、大部分が一日ないし五日という短期間で再び登校するようになり、二週間、一ケ月という欠席はきわめてまれです。ところが、肢体不自由児の場合には、一日ないし五日間の欠席者数は、普通児とほぼ同じであるのに、十一日から十五日間の欠席者数は、普通児の四倍、十六日から三十日間は普通児の六倍、さらに一ケ月以上では、普通児に比べ実に七十六倍という数に及んでいるのです。

親もこどももあえて無理を重ねて、義務教育の学校に就学した結果、こどもの健康に支障をきたし、以上のような事になってしまうのです。

これで、はたしてよいものでしょうか。小・中学校児童生徒の就学率九九・八％という誇るべき高率の下積みに、このような事実があるのです。

教育の機会均等のために　学校教育法が規定している小学校・中学校への就学の義務が、このような無理と犠牲をまで要求しているものではないことは、いまさら言うまでもありません。

このような児童・生徒のためには、専門の医師がおり、機能訓練等の設備が整い、通学や見学のためのスクールバスを持ち、遠距離の者のためには寄宿舎も用意された、特別な学校がぜひほしいものです。そして、現行の学校教育法は、その基本杓な構想においては、こういう学校をも、特殊教育の学校として考慮してはいるのです。

だが問題は、そういう学校の数が今はまだきわめて少なく、現存するものも、その設備が未整備な場合が多く、このような児童・生徒の総数に比べれば、収容能力が問題にならないほど小さいという点にあります。

そして、こういう事情は、肢体不自由児だけに限ったことではなく、精神薄弱児についても、身体虚弱・病弱等の児童・生徒についてもまったく同様な状態なのです。さらに、盲・聾等の児童・生徒も、その就学率は、まだきわめて低いありさまです。

したがって憲法や教育基本法にうたわれている「能力に応じた教育の機会均等」という理念が、文字どおりの意味で、わが国に生を受けたこどもたちのすべてについて実現するためには、特殊教育の果たすべき役割がきわめて大きいと言えましょう。

2　特殊教育と普通教育の関係

特殊教育研究の重要性　次に、特殊教育の果たす役割としてはむしろ副次的なものですが、現実問題として特殊教育の研究が、一般の小・中学校の普通学級における教育の効果を高めるのに、大きな働きをしているのだということも忘れてはなりますまい。

カーク（米国）という学者も言っているように、特殊な児童についての研究が、教育の理論や方法へ寄与した例はけっしてまれではありません。

たとえば、モンテッソリ（イタリアの女医）の十九世紀後半における新教育運動は、彼女の欠陥児研究に端を発したものですし、ビネー（フランス・一八五七〜一九一一）の個人差の発見や測定方法の確立は、かれの精神薄弱児研究の産物だとも言えましょう。このごろしきりに言われるパーソナリティー検査における投影法（いろいろな刺激図を見せて、これに自由に反応させ、その反応の形式から個人の欲求や感情等の傾向を見ようとするテスト法）の考案も、ロールシャッハの情緒異常児研究が基礎となったものです。

特殊教育の場所は別に　それはそれとして、いま、学校教育法施行規則という文部省令で、小・

中学校の一学級の児童・生徒数は五十人以下を標準とする、とされています。ところが実際には、これが五十人を上回る傾向なので、いわゆる「すし詰め解消法」というような法律ができて、一学級の人数を五十人までに引き下げようという努力が行なわれているわけです。

この、五十人の普通の学級の中に、強度の弱視や難聴や、さらに精神薄弱や肢体不自由の児童・生徒が交わり合って編入されているとしたら、はたしてひとりの教師によるじゅうぶんな指導が行なわれ得るものでしょうか。特殊な児童・生徒に対してはもちろん、学級内で大多数を占める心身に異常のない児童・生徒の教育そのものが、大きな障害を受けずにはいられません。

五十人の普通学級の学級経営を、できるだけ完全に行なうためにも、その中から、例外的な心身の故障者は除いて、これらとは別に、それぞれの故障に応じた適切な教育を行なう場所を用意する必要があるのです。

特殊教育の学校や学級が整備され、例外的な児童・生徒の受け入れ体制が整えば、それだけ、小学校や中学校の、普通学級における教師の指導が容易になり、教育の効果があがるようになるのです。

〔文部省—広報資料18—、一九六一（昭和三十六）年三月発行〕

一九六一年は、初めて官報に告示され法的拘束力を持つという一九五八年改訂学習指導要領が実施された年である。この指導要領は、いままで試案であったものが基準になった他、小・中学校に「道徳」が特設され（高校には「倫理・社会」を設置）、教育課程の編成を、各教科並びに道徳、特別活動及び学校行事等の四領域で構成するとした。学校行事等のところには、「国民の祝日などに於いて儀式などを行う場合には、児童に対してこれらの祝日の意義を理解させるとともに、国旗を掲揚し、君が代を齊《せい》唱させることが望ましい」と示した。「望ましい」という言い方ではあるが、戦後初めて日の丸・君が代が登場したのである。

この指導要領は、このように国家統制色を強く示したものであったので、学校の中では次第に自主的な教育活動がやりにくくなっていくのであるが、同時に、「基礎学力の充実、能力・適性に応ずる教育の重視」が基調であった。

「基礎学力の充実」と言うのだから、全ての子どもに十分な基礎学力をつける努力をするのかと思うと、そうではない。学習内容が増え、難しくなる。いわゆる「詰め込み教育」である。当然、ついて行けない子ができる。いわゆる「落ちこぼれ」が増える。後に、「落ちこぼれ」でなく「落ちこぼし」だなどと言われるが、「落ちこぼれ」という言葉はこの頃できた。

私の記憶では、この改訂までは、算数の時計の「分」は小学校三年生でやっていたが、この改訂で二年生になった。すると分が読めない子どもが出てくる。×をつける。○点をつける。できない子をつくることができる。しかし、そのときできなかった子どもが、今でもできないかというとそうではない。○点を取った子が、大人になって大部分は時計を読んで、不自由なく暮らしている。大人になるまで待つまでもない。二年生の終わり頃になると、×をつけられた子どもが「あと五分だから、早くして」などと言うのを見ると、申し訳ないような気がしたものである。今、時計は一年生で学習する。子どもと時計のかかわりもずいぶん変わってきているが、分を読むのは大変である。掛け算の九九も一九五八年の改訂以前は三年生でやったが、二の段と五の段を二年でやるようになり、今は九九全部が二年生である。

こうして「能力」による分離が本格的に始まり、特殊教育は副次的役割を本格的に果たしていくことになるのである。

すでに一九五八年には学校保健法が公布されていた。学校保健法は就学時健康診断で「標準化された知能検査法」（現在は「適切な検査」による）によって「精神薄弱」（現在は「知的障害」という）の「発見に努めること」を義務付けている。発見した精神薄弱児は、同年の文部省通達三〇九号「教育上特別な取扱いを要する児童・生徒の教育措置について」によって養護学校か特殊学級に措置される仕組みもできていた。

当時教育界では、校長に管理職手当の支給が開始されたり（一九五八年七月～）、文部省の道徳教育指導者講習会が父母・教員が反対するなか、警官隊に守られて強行されたりしていた。さらに「教育の正常化」の名の下に、教員に対して勤務評定が実施された（五八年全国実施）。教育の反動化が進むなか、教職員の服務監督の強化がねらいであり、五六年に警官に包囲されて成立した任命制教育委員の初仕事でもあった。（それまで教育行政を一般行政から独立させ、住民の意志に基づき地域の実情に即して行うため、公選制であった。）

これに対し日本教職員組合（以下、日教組）は、「教育の自主性を奪い、創意による闊達な教育実践を抑え、教員組合活動を封じようとする陰険な意図」としてねばり強く闘う決意を示した。私も組合員として当然のこととして闘争に参加していた。授業や採点を終えて、地域の父母や労働組合にその不当性を訴えて歩く毎日であった。ある日、昼間は知能テストの講習会に参加し、夜、勤務評定反対の集会に参加したとき、ふと気づいた。子どもをこう管理するとき、教員がこう管理されるのだと。いまに通用することである。

このような情況に追い打ちをかけたのが、全国一斉学力テストであった。一九六一年から六六年にかけ小学校は抽出であったが、中学は二・三年生対象の悉皆調査であった。本音はエリート探しであったと言われているが、表向きには学習指導要領の徹底度調査であった。テストが始まると隣のクラスよりわがクラス、隣の学校よりわが校と競い、最終的には県教委同士の争いとなり、低学力の子を休ませたり、正解を教えるなど教員の「工夫」も横行した。ある学校では、校内テストでは一列に並ばせていた教員が、カンニングしやすいように、できる子を右側にできない子を左側と二列に並べたことが語り草になっていた。右側だと鉛筆の陰で見にくいからだという。

この時期、全国的に特殊学級が飛躍的に増設された。少々の教員の「工夫」では追いつかず、低学力の子を普通学級から排除するためであった。特殊学級籍の子はどんな子であれ「精神薄弱」とみなされ、学力テストの対象から除外されたからである。従って、学力テストの成績のよい県ほど特殊学級の設置率が高く、また高校の多様化が進んだという記録が残っている。

一九七一年白書『日本の教育』は、文部省が一斉学力テストを強行した頃から、特殊学級が差別と選別の切り捨て学級になっていることを指摘しているが、学力テストの成績のいい県ほど特殊学級の増設がすさまじかった。日教組の一九七二年黒書は「中教審路線と教育の実態」の中で、学力テスト日本一の香川県の状況を、宗像誠也・梅根悟らによる『香川・愛媛学力調査問題学術調査団報告』（一九六四年）も交えて次のようにのべている。

普通児を入れて「振興」する特殊学級（香川）

障害児教育について香川は力を入れているといわれています。事実、特殊学級は昭和四十四年五月現在、小学校二二一校中一七一校、中学校九三校中八七校、合計三一四校中二五八校もあって、実に六校中五校が少なくとも一学級はもっていることになっています。これはおそらく、日本一の普及率でしょう。

ところがその特殊学級に入る子どもは「わたくしたちのききえた情報によりますと、学級のなかで、知能指数七五〜一〇〇あたりの子どもが、その候補としてまず眼を向けられる、ないし学力テストの最低点をとった子どもが特殊学級入りをすすめられるということでした。さらに情緒不安定な子ども、どうかすると非行に走る子どもなども含まれるという具合であります。ですから、そこには、心身障害のため、普通学級に適さない者のための特殊学級ではなく、知能的に障害のない生徒や情緒障害者たちでの編成となっている現実が多い」という教師の研究報告もあるほどであります（香川・愛媛教育問題調査報告）。

知能指数が障害児の判断の資料になることは否定できませんが、同時に知能指数が教育によって大きく動くもので、それで障害児を判定できないのも事実です。まして学力テストの成績で判定することは、人権問題といわなければなりません。そのうえ昭和四十五年度からの香川県教育委員会の「高等学校入学者選抜実施細目」は、「内申書を選抜試験の成績と同等の比重で重視するようになったいきさつがあり、特殊学級を含む各学年全員の名前と、それに応じた成績順位を内申書に貼布することが要求されます。いうまでもなく、特殊学級の生徒は学級が別ですから、共通のテストを受けることもしないのですが、十段階評価の一を与えられ、普通学級の生徒はそれを踏み台にして、より高い評価点で配列されることになるのであります」（前掲）。ということになると、それは差別そのものといわなければなりません。

「次に特殊学級の担任教師の問題ですが、これも特殊教育についての訓練を受けている人は比較的少なく、中には他都市等から転任してきた若い教師に一年契約で『とにかく一年しんぼうしてくれ』と依頼したり、『学校の最年長の女子教員に、因果を含めて担任さす』という場合もあるといわれています。ですから、まじめに努力し、しんけんに精進しておられる先生もむろんおられますが、一日も早くともかく責を終えたいと考えている教師や、普通の生徒よりいく分程度を下げた教材と教授法で、まずまずの務めを果たしながら、機会をみて普通学級の担任に帰りたいと考えている教師もあるといった具合です。学級担任の平均担任年数が一年十カ月という統計があるのも（十年以上勤務者十一人を含んで）、この辺の事情を反映してのことであろうかと思われます」（前掲）。

ということになれば、香川の特殊学級の増設は、多くの問題をはらむものといわなければなりません。文部省の方針にそったこの香川の「障害児教育重視」のなかに、中教審答申を受けた文部省の十カ年計画の片鱗をみるのは、思い過ごしとはいえないと思います。

養護学校義務化は誰のため

延び延びになっていた養護学校義務制が実施されたのは一九七九年であった。一九四七年に制定された学校教育法は、第三九条及び第七四条で盲・聾・養護学校の義務制を規定していたが、付則で「就学義務および設置義務に関する部分の施行期日は政令で定める」とし、一九四八年の政令七九で盲・聾学校のみが学年進行で実施された。放置されていた養護学校の就学および設置義務を一九七九年度から施行するという政令三三九号が公布されたのは一九七三年になってからであった。

一見この政令は、知的障害者の親の会である「全日本育成会」等の障害児の教育権獲得運動に応える形で現われ、文部省も「未就学をなくし、全ての障害児に適切な教育を保障する」と意気込んでみせていたが、実は一九七一年の第二十二回中央教育審議会の答申「今後における学校教育の総合的な拡充整備のための基本施策について」の具体化の一環として位置づけられるものであった。

この答申は、いま読みなおしてみると、驚くほど今度（二〇〇三年三月二十日）の教育基本法を見直す中央教育審議会答申「新しい時代にふさわしい教育基本法と教育振興基本計画の在り方」に似ている。違うのは社会構造の変化に伴い人材の配分、供給先が大きく変わっていることである。

それは能力主義を基本に、戦後の占領下の教育改革を否定し、「民族的な伝統を基礎とする国民的まとまりを実現し、世界の平和と人類の福祉に貢献できる日本人」の育成が強調され、教育を労働力の供給源として能力による差別・選別を徹底し、多様な労働力を合理的につくり出していくことがねらいであった。

その中の養護学校義務化を促す「特殊教育の積極的な拡充整備」は、第二章第二の初等・中等教育改革の基本構想として、発達過程に応じた学校体系の開発、個人の能力・適性の分化に応じた多様なコースなどが並び、個別指導や学級を固定しないこと、はては飛び級や飛び入学までが挙げられている七番目に次のようにある。

「七　特殊教育の積極的な拡充整備

すべての国民にひとしく能力に応ずる教育の機会を保障することは国の重要な任務であって、通常の学校教育の指導方法や就学形態には適応できないさまざまな心身の障害をもつ者に対し、それにふさわしい特殊教育の機会を確保するため、国は、次のような施策の実現について、すみやかに行政上、財政上の措置を講ずる必要がある。
(一)　これまで延期されてきた養護学校における義務教育を実施に移すとともに、市町村に対して必要な収容力をもつ精神薄弱児のための特殊学級を設置する義務を課すること。
(二)　療養などにより通学困難な児童・生徒に対して教員の派遣による教育を普及するなど、心身障害児のさまざまな状況に応じて教育形態の多様化をはかること。
(三)　重度の重複障害児のための施設を設置するなど、特殊教育施設の整備充実について国がいっそう積極的な役割をになうこと。
(四)　心身障害児の早期発見と早期の教育・訓練、義務教育以後の教育の充実、特殊教育と医療・保護・社会的自立のための施策との緊密な連携など、心身障害児の処遇の改善をはかること。」

その位置を考えると積極的な拡充整備がなぜ必要になったかは明らかである。障害にふさわしい特殊教育の機会を確保するとは、障害の種類や程度によって一方的に就学先を決めるということであり、養護学校や特殊学級の整備は普通学級からの排除を意味する。

政令三三九号が出て政府の進める養護学校義務化の実態が明らかになってくるにつれ、当たり前に地域の学校に通わせたいと考えている親や、子どもを分けるべきではないと考えている教員たちの間に不安や動揺が広がってきた。障害児について定義・基準・教育的措置を示した通達三〇九号(二〇〇二年四月二十四日、学校教育法施行令の一部改正に伴い廃止)も威力を発揮していたが、教委に設置された就学指導委員会のふり分けに反対し、不服申立てをしたり、普通学級への受け入れを迫る行動が各地で起こった。未就学のまま成人した障害者たちの就学闘争も続いた。一九七〇年には都立府中療育センターで、統制・管理に反発する入所者の抗議行動が起こり、やがてセンターの移転反対闘争に発展し、都庁前テントで座り込む闘争となった。移転は阻止できなかったが、この闘争のなかで多くの障害者解放運動の担い手が育っていった。

一九七一年には渡部淳を中心に〝どの子も地域の学校で〟をスローガンに「教育を考える会」（「がっこの会」）が結成された。血友病の大西赤人さんの埼玉県立浦和高校入学拒否事件を契機に「大西問題を契機として障害者の教育権を実現する会」（のちに「障害者の教育権を実現する会」）も発足した。一九七二年には篠原睦治を中心に〝どの子も地域の学校で共生・共育を〟をめざして「子供問題研究会」を結成。ちなみに私たちの大田区で、どの子も地域の学校で共に学ぶことをめざして「未就学を考える会」をつくったのも一九七一年であった。

養護学校義務化が近づくにつれ、これらのグループはもちろん、全国各地に養護学校義務化阻止を掲げたグループが誕生し、教育委員会と就学先の決定には本人保護者の意見を尊重するようにという交渉をするなど、活発な活動を続けた。

一九七六年には脳性マヒ者のグループである関西青い芝の会連合会、関西障害者解放委員会、埼玉の八木下浩一らが話し合って発足した準備会をもとに、全障連（全国障害者解放運動連絡会議）が結成された。障害者自身が主体として「自立と解放」をめざす全障連は、発達保障を唱える全障研（全国障害者問題研究会）に対抗する形で結成され、目前に迫った養護学校義務化の阻止を掲げた。

一九七七年には東京都足立区の金井康治さんの養護学校から地域の学校への転校闘争や、奈良の梅谷尚司さんの地域の学校への就学闘争も始まり、運動は昂揚していった。

一九七八年十二月には、全障連と各地の養護学校義務化阻止共闘会議の主催で全国集会と深夜に及ぶ文部省交渉が持たれた。七九年一月には全障連と各地区の共闘会議が共闘して一週間にわたって文部省を囲んだ。闘いの記録は映画『養護学校はあかんねん』になり上映運動も展開された。養護学校は義務化されたが、義務化阻止を掲げて闘った仲間は、その後も各地で共に学び共に生きる運動を担い続けている。

そのころから世界は急速に統合に向かっていた。

一九七九年といえば国際児童年であった。国際児童年に日本の文部省は、日本の子どもたちにいまのセンター試験のもとになった国公立大学入学試験の共通一次試験と養護学校義務化をプレゼントし、「能力」順に子どもたちを縦一列に並べたのである。

義務化がもたらしたもの

義務化による「適正就学」の徹底で、確かに就学猶予や免除者は少なくなったが、多くの子どもが普通学級から排除された。一九七九年七月十日の『内外教育』（時事通信社刊）は、「就学猶予・免除者七千人減る。養護学校在学者は一万七千人増加。一般校からの転入七千八百人」と報じた。

そもそも就学猶予・免除は保護者からの申し出によって教育委員会が許可して成り立つものである。実態としては重度の障害児の保護者は申し出を強いられることが多く、相当な心理的な困難は伴うが、申し出がなければ、どんな子も地域の学校に入学することが可能であった。

以下は、私が『季刊福祉労働』六号（一九八〇年三月二十五日刊、現代書館）の「義務化から一年」の特集号に寄せて書いたものである。

義務化から一年

普通学級から排除される子どもたち

「生徒の言論・表現の自由にかかわる行為をマイナス評価しており、不公正・不平等な評定。生徒の学習権を侵害しており、教師の教育評価権を乱用した違法なものだ」という第一審判決を獲得した内申書裁判原告の保坂展人さんは、いまこの判決を不服とする東京都と千代田区により東京高裁に控訴されている。

保坂展人さんは、一月末、日教組全国教育研究集会現地でひらかれた自主教研に参加した。彼はそこで、この十年間を〝麹町中学校が全国化した十年〟であると語った。至言である。入試の合否をきめる内申点の取合いをさせられるため、友情もひきさかれて悩む子、冷酷化していく子、教師不信をつのらせながら優等生を装う子、受験勉強だけでなく、社会へも目をむけようとすれば、問題児としてはじき出される。そして追いつめられた子どもたちの悲しいニュース。まさに麹町中学校は全国化した。そしてまた行政がこのような情況に真摯にとりくむ姿勢のないことは、「一般に中学二・三年生時は、自我形成の途上に伴う不安定な自己主張の出現のため、ややもすれば合理的な判断を欠き、青年特有の正義感や独善的な思考により、往々にして既成の秩序に対する激しい反撥的行動となってあらわれることもあり得るもので、このようなことは、青年の通常の精神発達の過程における自立性の促進を反映するものといえよう。したがって、原告のいささか穏当を欠くと認められる行動も、このような自我形成期にあることを考えると、慎重な配慮をもって対応しなければならない……」というような長文の判決文全文を、都・区の教育行政担当者が熟読することもなく、直ちに控訴したことに端的にあらわれている。

しかし麹町中が全国化したのなら、全国に保坂展人があらわれなければならないのに……どこにとりこまれてしまったのであろうか。

子どもの心や体がこれ以上傷つき、「非行」や自殺という形であらわれる〝教育の荒廃〟は誰にとっても困ったものであり、何としても歯止めをかけなければならないのに、一層悪化させながら保坂展人をとりこむものとしてあらわれてきたのが、共通一次試験と養護学校義務化である。しかも国際児童年における日本の子どもへのプレゼントなのだから皮肉である。

共通一次試験により、全国の大学・高校の一直線的序列化は確固たるものになってきた。この上からの序列化促進に対して、下からの序列化促進が養護学校義務化である。もう影響はさまざまあらわれてきている。

特殊学級

東京都の「全員就学」から養護学校義務化へ、一九七八年二月ごろから四月にかけて、就学指導委員会のふりわけに抗して、地域の普通学級にはいろうとする親の闘いは熾烈であった。養護学校や特殊学級といううけ皿が充分でき、ふりわけの体制も充分整ってくる一方、義務化の正体もみえてきたためである。私たちの地域では〝絶対に屈服しない〟親は結果として勝った。（もちろん金井康治くんたちの就学闘争という土台があってのことであるが。）就学通知書を手にしたのが四月四日というケースもあった。入学式のあとというケースもあった。やるだけのことはやった。そんな思いで新学年を迎えた。

そして私の職場〝精薄特殊学級〟は二学級編成（生徒数一三～二四名）であるにもかかわらず、一〇名で義務化の年を迎えた。ところが日がたつにつれ、一年生の三人がよくできるのに驚かされた。たしかにいまの中学の普通学級の教科の授業についていけるかといわれれば、むずかしいことがないわけではないが、ひらがなで文章も綴れれば、簡単な計算もできる。まして身辺のことなど全くといっていい程自立している。すなわち「全員就学」、養護学校義務化へと整うなかで、「能力」によるふりわけも貫かれ、三年生より二年生ができ、二年生より一年生がさらによくでき、人数はともかく一年生は全く文部省のいう〝特殊学級適〟な生徒だけが残されたのである。やれるだけのことはやったと自負する私たちのとりくみも、ほんの点であり、親といえども多くは体制派であることを思い知らされた。

そんな特殊学級に、普通学級を排除された子どもたちがやってくる。それらの子どもの側から、普通学級をみてみよう。

Kさん

二学期の半ば、担任の教師から「もう二カ月も学校へ来ません。私としては特殊学級が適当と思うのですが、あってもらえませんか」という電話をうけた。教育相談に行っていないことをきき、いつでも来るように返事をした。（相談に行けば、たとえ教え方のせいで学習が遅れていても、あるいは遅れていなくても、特殊学級適な生徒に仕立てられてしまう。）

次の日彼女は母親といっしょにやってきた。私はそのとき三年生のOくんとタイルやお金を使って一〇から八をひく計算をしていた。教室の戸をあけたとたんKさんは一瞬立ちすくんでさけんだ。

「あっ、小学校の勉強しているのですか」

あとでわかったことだが、Kさんは非常に礼儀正しい。この光景はよほどのショックであったらしい。きけば、ていねいに教えてくれるところと言われて来たという。それで彼女は普通のことをていねいに教えてくれ、休んでいる間の遅れも一瞬にしてとり戻せるような思いで来たようであった。

Kさんは、その日みんなと給食を食べ一日をすごして帰った。私はKさんはもう来ないなと思った。

ところが中一日おいて彼女は一人でやってきた。彼女は「よく考え、母とも相談したのですが、この学級でなら、私みなさんのお世話ができると思います。この学級に入れてください」とよどみなく言い、この前と同じ学習をしている私とOくんの間に両手をひろげてわりこんできて、「ほらOくん、ゆび何本ある?」と始めたのである。そしてあっけにとられている私にはおかまいなく、「ほら○○くん早く」「こぼれるわよ」とかいがいしく立ちまわるのであった。それから毎日彼女はやってきた。Y中学には死んでも戻りたくないという彼女が、どうしても中学は卒業しなければならないとすれば、残された時間をどうすごすかと考えて選んだ生き方であったのだろう。

それから二カ月あまり、私は執拗に彼女と話しあいを続けた。

Y中では徹底的に疎外され続けたらしい。理由は強いていえば、母子世帯であること、それ故のことであろうが少し大人びてみえることであろうか。膚が荒れているといって、声が大きいといって、多数決できめたようにいじめられたという。母親が教師に抗議するとみんながいうのだから本人にも問題があるに違いないという。ついに彼女は学校を休み始めた。教師は〝なぜ休んだ、明日は来い〟という電話を免罪符のようにかけるだけであった。

いま彼女は夜間中学に移り、希望して二年生になり、やさしい仲間たちと学習している。ちなみにY中に在籍して私が預っていた二カ月半の間、担任の教師からは彼女を案じて訪ねてくるどころか一度の電話連絡もなかった。すべてこちらからの一方的報告に終始した。Y中に愛想をつかしたのはKさんのほうであるが、生徒に愛想をつかされてほっとしているY中とその教師たちを私は許せない。Kよ、力をつけてY中に戻れ。

Tくん

義務化の直前の七九年二月、TくんはN中の担任教師に伴われて突然私の教室にやってきた。担任の教師は新卒二年目、前年新任教師研修会のとき私の学級を公開したのをみて、どうにもならないときはここに連れてこようと思っていたという。私は、私がやらなければ、誰かが特殊教育の必要性を誇示するに違いない、それよりはその存在を考えるという形で私がやったほうがという思いあがりで行ったことであったが、こんなふうにつけがまわってこようとは考えていなかった。

それでも担任の教師はやるだけのことはやったという。そうらしい。Tくんが学校に来なくなったとき、学級会に訴えた。仲のいい友だちが迎えに行くようにきめた。それでも来なくなったとき担任の教師は出勤前に迎えに行った。遅れている学習に一対一でていねいにつきあった。ところがある朝迎えに行くとTくんのふとんはもぬけのからであった。翌朝は早起きして七時半に行った。しかし二日目、もう七時半にはもぬけのからであった。やむを得ずつぎの朝は七時、つぎは六時半とエスカレートしていった。そしてやがて六時。やっとつかまえたTくんは「××くんが……」と仲のいい友達の名を口にした。担任はショックだった。自分より××くんにより心をひらくであろうと思っていたのに、Tくんにとって最もこわい級友であった。こわかったからこそ迎えに来られれば応じなければならなかったのである。担任はそれがわからず押しつけ続け、Tくんは逃げ続けていたのである。

がっくりきた担任は、学級をたてなおすまでTくんを預ってほしいと言う。私はTくんを抜きにして学級のたてなおしはあり得ないと言うが、かんじんのTくんの足は自然特殊へ向いて毎朝来てしまう。

八年間を特殊で過したOくんやSくんに比べると、Tくんはできないことが多い。しかしTくんはたくましく生きている。たとえば米についていえば、彼はSくんやOくんのようにどこでどのようにして作られるか知らない。もし電車の窓からみても「あっ稲だ」と言うことはないだろう。しかし彼はそれをお金で買い、水を加えて煮てごはんにして食べている。Tくんといっしょだとおもしろいことが多い。だからOくんもSくんも「Tくん、Tくん」とついて歩く。そうこうしているうちに学年がかわり、Tくんは特殊学級の子になってしまった。Tくんは特殊から足を洗いたいが、N中はもうイヤだ、この学校の普通学級ならと言う。

Mくん

中学にはいって最初の中間試験のあと、母親がよびだされた。教育相談に行くように言われた。まだはいったばかりではないかと言うと、芸能教科もダメだから普通学級は無理だと言う。教育相談では、特殊学級に行ったらとすすめられ、見学にきた。

Mくん、生来おおようなたちのようだし、太っているので体育は苦手だろうと想像できたが、これといった問題はなさそうである。はさみが使えないときいたが、じょうずに使う。本人にきいてみると、隣にはさみを忘れる子がいるのでさきに貸してやってから自分のをやり始めるので、遅くなって叱られたことがあるという。中学の教師はまだ誰も気がついていないが、Mくんは絵が得意で小学校のときはマンガクラブのメンバーであった。

もちろんMくんも両親も特殊学級を望んではいない。特殊学級見学によりこの思いは一層かたくなった。いま彼は共に学ぶことをめざした地域の学習塾の教師や仲間に励まされ、いままで通り校区の中学校に通い続けている。

養護学校義務化以来、一人でも対象児をみつけ、養護学校や特殊学級に送りこむことが正常化にむけての責務と考える教師が続々とでてきているようである。

就学指導委員会で

次表は東京某区の就学指導委員会判定方針案である。

昭和五十四年度就学指導委員会判定方針（案）
一、判定は原則として全体会議で行い、進路種別の判定をする。
二、保護者の意向を考慮しながら教育を保障する方向で判定する。
三、疑わしきは、普通学級へという考えで判定する。
四、区教委（教育相談室）から提出された資料を中心に判定する。

すでに一九七六年来全く同文の方針で行われてきたので、九月二十五日に行われた第一回就学指導委員会は、これを確認して簡単に終るはずであった。ところが特殊学級担任である一人の委員が立ちあがって、いまや第三項の「疑わしきは、普通学級へという考えで判定する」は必要ない、と言い出した。文章が若干ぎこちないのは、それなりにぎくしゃくした判定、苦労を経てきた結果である。どんなに「科学的」なものさしがあろうと、委員がどんなに非情であれ、人が人を判定するとき迷いのないはずはなかろうに。委員会は採決をした。出席者五〇名のなか六名が削除に賛成の挙手をした。すべて「発達の保障」を唱える人々であり、特殊学級の担任であった。結果として方針は案通りに決まったが、いまやほんの少しでも問題のある子を普通学級に入れることを罪悪とでも思っているようである。

校長会

義務化の直前まで校長会は、適正就学のためと称して、全国的にも、各県段階でも、市区町村単位でも、普通学級にいる障害者の調査を行い、どんなに邪魔になるかをならべたて、特殊学級や養護学校への送りこみかたを研究し、パンフや紀要にまとめた。

七九年養護学校義務化にあたり全国では八千人、すでに全員就学を実施していた東京でも百名もの子どもが養護学校に送られたが、彼等はいまだに「障害」児さがしをやめようとしない。

地区あるいは学校によっては〝障害児教育推進委員会〟などという組織や係をつくって手ぐすねひいて待っているところもある。その網にかかれば教育相談を勧められる。教育相談は多くは本人や親が希望しなくても、担任から申し込めるようになっている。担任が申し込めば執拗な呼び出しは教育相談室でやってくれる。相談だからと思って行けば〝就学相談票〟を書かされる。就学相談票が特殊学級・養護学校申込書であることは、記入要項には書いてあるが親にはみせない。全くペテンであるが、ここまでくると普通を主張するのは非常にむずかしい。ひたすら説得や恫喝をうけることになる。

情緒障害児学級

養護学校の義務化に伴い、一九七八年十月六日文部省は初中局長名での「教育上特別な取扱いを要する児童・生徒の教育措置について」という通達は、前身の一九六二年の同名の通達および前々身の一九五三年通達を大まかな内容でうけついでいるが、〝情緒障害について〟と〝就学指導体制の整備について〟の項目を新設したことにより一層その選別性を発揮するようになった。そもそも通達は法令と違って一人ひとりの国民を拘束するものではなく、教育行政内部の指導上のものでしかないが、それだけに文部省の本音というか意図がよくあらわれている。現場の教師たちは旧通達の時代から、これに依拠する形で〝IQ七五以下〟や、〝境界線児は状況によって特殊学級で教育してもさしつかえない〟をはてしなく拡大解釈して、子どもを特殊学級に送り続けていた。

さて「情緒障害」などという実態さえもあきらかでないものを項目としてとりあげた意図は何か、通達は明示していないが、この通達について報道した新聞等は自閉症や登校拒否が対象だと発表した。その前後に行われた校長会等の調査等によれば、情緒障害の内訳として、ノイローゼ、自閉症候群、登校拒否、集団からの逃避、かん黙、盗み、嘘、強情、乱暴等があげられている。

そして現にこれらだけを対象にした情緒障害児学級がつくられ、子どもも入れられている。例えば東京N区のA小学校情緒障害児学級等がそれで、そこには普通学級に在籍するこれらの子どもだけが集められている。これらの子どもが教育によってつくられてきたにもかかわらず、それらを顧みることなく、手に余る子どもはすべて分離という方向できりぬけようとする意図はあきらかである。

すなわちかつての麹町中が全国化された教育の状況を支えるものが養護学校義務化であること

を、ここにもはっきり見ることができる。

就学時健康診断

七九年八月、学校保健法が一部改訂され、就学前二カ月までが四カ月前までに実施しなければならなくなった。昨年度は事務的に間にあわないところもあっていままで通りに実施したところもあったが、今年度はほとんど十一月に実施された。就学時健康診断は教育委員会には義務づけられているものの、受診の義務はないのであるが、小学校に入るための入学試験であることは否めない。その証拠に義務化されてから多くの市区町村で、いままで就学通知書と一緒であった就学時健康診断の通知を別葉にし、パスした人にだけ就学通知書を出すようになった。

共に学びあう地域の学校をめざして

就学時健康診断に対するとりくみ

〝学校として〟

就学時健康診断そのものを、または就学時健康診断の子どもを能力別にふりわけるという機能を粉砕しない限り、地域の学校の教師としては、その業務を拒否するだけではすまないものがある。東京O区のT小学校では職員会議での話し合いを経て〝新一年生をおもちの保護者の方へ〟という形で、つぎのような文章を送付した。

来年四月、新一年生になるお子さんをおもちの保護者の方へ

いよいよ来年は学校という年を迎えると、

「もうすぐ、がっこうね」

「そんなこともできないと、がっこうにいけないぞ」

と、お父さんやお母さん、そして幼稚園や保育園の先生たちに「がっこう、がっこう」といわれ、子どもたちは不安と期待を小さな胸いっぱいにつめこんで、通りすがりに見る学校を見上げていることでしょう。

一方、お父さんやお母さんたちは、「小学校というところは、幼稚園や保育園と違って厳しいところだ」「大勢の子どもたちがひしめき合って勉強だ、体育だと競争し合っていて、それに負けないようにがん張らなければならない」「のんびりしていると、〈できない子〉といわれて、おいていかれてしまうかもしれない……」「はたして、うちの子は大丈夫だろうか。みんなと一緒にやっていけるだろうか」と、あれやこれや考えだし、心配なことばかり浮かんでくるかもしれません。

〔就学時健康診断〕

ところで、来年四月新一年生になるお子さんをおもちのご家庭に〝就学時健康診断のお知らせ〟というはがきが届くことになっています。なかには、これを受け取って「入学試験の通知

をもらったような気持ちがした」という人もいます。また、その日をめざして、子どもにテストの練習をさせるご家庭もあるとか……。

たしかに、今の教育制度では、子どもたちを普通学級・特殊学級・養護学校などにふり分けて教育する形がとられていて、就学時健康診断はそのために行われている意味が大きいのは事実です。

しかしT小学校では、数年前から〝知能テスト〟を廃止するとともに、そのほかの健康診断によっても、子どもたちを『できる子・できない子』とか『手のかかる子・手のかからない子』というふうにふり分けるようなことがないようにしてきています。

校区の子は、どんな子でもできるかぎりみんな一緒に学び育っていけるような学校にしたい。Tをそんな学校にしたいと、教職員みんなで知恵を出しあい、努力しているところです。

ですから〝就学時健康診断〟は、お子さんの健康相談のようなもので、来年四月お子さんたちが元気に入学式を迎えられることを願って行われるものだというふうにご理解ください。どうか、お子さんの健康・安全に充分心を配っていただいて、来年四月には、どの子もみんなそろって明るく元気に入学式が迎えられるよう祈念いたします。

東京都O区立T小学校

昭和五十四年（一九七九年）十一月

保護者殿

〝教職員組合として〟

親の学校選択権や、強制的な排除については異議を申したてたものの、日教組という組織に集約される段階では、文部省路線を支える役割しかはたしてこなかった。

しかし、各単組やその支部等では、最も条件の悪い子を学校の中心にすえ、どの子も共に学び合える地域の学校づくりをめざすところがふえてきた。

就学時健康診断についても、受診を拒否する親たちにきちんと対応しきれない部分もあるが、差別・選別に使わない、親の希望を尊重する形のとりくみが進んできている——東京では西多摩・大田など。ちなみに都教組（当時）大田支部では小学校六一分会中、知能テストを行うところは一〇分会ほどである。

〝就学時健康診断補助を拒否する子どもたち〟

千葉県S小学校の六年生たちは、担任の教師から、就学時健診のことをきき、学級会の議題にした。そして新聞をつくって教師たちに就学時健診をやめるよう訴え、ふり分けに使うなら補助を拒否すると宣言した。その子たちの文集の中でYさんは言う。

「……一つは知能テスト、これは私たちは何の気なしにやっていたが、考えてみると、これくらいできないと学校に入れないというものである。知能テストはその人の考えなどがわかるわけではなく、遅れているとか、ひとのめいわくになるとかをはんだんするためのものだと思う。とすればできない子は学校にはいれず差別されたことになる。学校とは楽しくなくてはいけないところだ。もう一つは身体検査だ。○○さんでさえ、ようご学校のほうがいいんじゃないかと言われていた。だから今年の子でこんな子がいれば、知能テストはよくても、なにごともおくれてしまうでしょうと言われるにちがいない。そんなことをする学校や社会がにくい。くやしい。それをあたりまえのことだと思わせやらせているものがにくい。このような就学時健診はやってはならない。そのためにはまず、〝新聞をつくる〟それを読んでくれる先生にわたす……」

いささか担任の意見をうのみにしているという感じはするが、子どもたちが疑問を疑問として訴え行動する姿がよくわかる。

しかし担任によれば、教師たちはなかなか新聞をうけとってくれず、子どもたちの疑問に応えてくれなかったという。

それでも、結果として〝ふり分けに使わない〟と確認した上で就学時健診を実施したそうである。

親たちとのかかわり

私たちは、いままで、親や本人の希望に支えられて、限られた幾人かの「障害児」と言われる子どもたちを地域の学校にうけ入れ、試行錯誤をくり返しながら共に学び合うことをめざしてきた。

ささやかなとりくみの中で、地域の学校をめざす親子は急速にふえてきた。来年も幾人もの親にはげまされる思いで子どもたちをうけ入れようとしているが、現にいまも地域の学校にはいっていこうとがんばっている親に対する説得や恫喝は続いている。その一つの手口。

就学通知書は義務化後も一月末日までに送付すればよいことになっている。しかしO区教委は、就健をパスした子について一月四日に発送した。そして教委のふり分けに応じない子に対しては「現在、相談継続中でありますので、相談が終結した後、就学通知書を送付いたします」という趣旨の連絡を出した。〝どこにもはいれなくなるのでは〟という不安をあおって説得に応じさせようとするわけである。

また、いったん養護学校や特殊学級に入れたものの、そこが子どもを他の子から疎外する以外の何ものでもないことに気がつき、地域の学校に戻ろうという親もでてきた。この親たちの〝いわゆる特殊教育〟批判はきびしく的確である。

これらの親に目をさまされた教師も多い。

しかしまだ多くの親が、特殊学級や養護学校を希望している。私たちはその中の幾人かと話し合いを続けている。その親たちは一様に言う。〝はいれるものなら地域の学校にはいりたい〟と。それならなぜそれを主張しないのかと聞くと、権力と争いたくないという。しかし最も多いのは〝この子本位にはやってくれないだろうから〟と地域の学校にみきりをつけているのである。

たしかに私たちのとりくみが、ともかくもうけ入れようというとりくみの域を出ず、入れてどうする、入れてどうできるかというとりくみが不充分だという批判もある。これらの批判はあえてうけなければなるまいと思いながら、もうかなりそのとりくみは進んでいるし、報告もなされているではないかという気もする。

教師、学校が一方的に親たちに〝ウチの子も安心してはいれる学校〟と思わせる学校を用意しようとすることはかなり危険なことではないかと思う。

ともかくも一緒にいることが当たり前なのだから、一緒にいるというところから始めようではないか。

共に学ぶことを阻むもの

たとえば「障害」児教育研究

ここまで繁盛してしまったものをどうするのか、難題であるが、私は一月末に高知で行われた日教組全国教育研究集会に参加して一層その感を強くした。

私はかねてから、もし必要なものなら、教育が行きとどけばいいのであって、「障害」児教育が教育と別枠で繁盛する必要はないと思っている。

できないことをできるようにするのが教育なら、遅れた子ほど、条件の悪い子ほど中心にすえられるだろうから、その子たちのことを別枠のところにもっていっては教育そのものがなりたたないはずである。現にある民間教育団体で、養護学校や特殊学級の教師がふえていくにつれ、障害児教育分科会が設けられるようになった。子どもたちを分ければそれに携わる教師にも、特有の問題は当然でてくるわけで、この分科会は結構なりたつものである。しかしそうなると他の問題の分科会で、初歩的なところで苦労しているとりくみを出すと、〝ああ、そのあたりのことは「障害」児分科会でやったら〟ということになる。そこでいまは「障害」児分科会をなくしてしまったというが、また他の団体では、そのようにしてなくしてしまったところ「障害」児の問題が出しにくくなったという不満がでてまた設け、設けると前のような現象がおこり、設けたり、廃止したりのくり返しになっている。

日教組教研についていえば、たとえば〝ことばや数をどのようにして獲得していくか〟とか〝ハンディをもった子の職場をどのように開拓するか〟というような問題は、国語や数学や進路指導の分科会に提起してこそ、共に学び合う道が拓かれるのである。

すなわち「障害」児分科会を設けることにより、地域の学校の教師たちが、手を引くことを助長することになる。子どもたちを分けることが誤りであるというとき、分けられた子どもにそって教師が別れることは、とり返しのつかない誤りを重ねることである。

ひるがえってわが中学校の教員室では、三年生の高校受験手続きをほぼ終えたところである。コンピュータによる業者テストの指示に従い、予想屋よろしくわりふりをした。私立高校とのとりひきも充分した。たいしたくるいは生じないはずであるが、ある緊張感がただよっている。

高校進学をしないのは特殊学級の三人とあと四人であるが、この七人を最も教育を要する子であることを忘れて「就職希望者」と呼ぶ。

分け続けた「完全参加と平等」——国際障害者年

一九八一年は国際障害者年であった。スローガンは「完全参加と平等」であった。当然のこととして「国内長期行動計画」の具体案を審議していた中央心身障害者対策協議会では、障害児も地域の学校で共に学ぶ統合教育を検討していたが、審議の過程で文部省が次のような否定的な見解を文書で提示した。

「障害の重い子どもを小・中学校で教育することの問題点

一、障害の重い子どもに対しては、小・中学校では適切な教育ができない。
　1．一般の教育課程に適応することが困難。
　2．障害に応じた特別指導（点字学習、口話法などの指導、機能訓練など）を受けられない。
二、一般の子どもたちの教育に支障が生ずる恐れがある。
　1．四十人学級では、担任教員が、障害児の世話に追われ、一般児童の教育に支障が生ずる。
　2．教員及び一般児童の負担が増える。
　（善意の手助けのみを当てにできない。）
三、多額の財政負担を強いられる。
　1．学校施設の改善（スロープ、エレベーターなど）や、特別設備、スクール・バスの整備が必要となる。

2．専門教員、介助職員の配置が必要となる。

3．盲・聾・養護学校設備との関連で二重投資となる。

四、現行の特殊教育制度、ひいては学校教育制度全体の根幹に触れる大きな問題となる。」

そのため教育・育成部会の報告書では、養護学校義務化以来文部省が指導している「交流教育」の推進にとどまった。

いままでも、障害をもつ子を普通学級に就学させようとすると、教育委員会（就学指導委員会）はこれを要約して、「勉強についていけませんよ」「障害に応じた教育が受けられませんよ」と言う。保護者が、それより豊かな人間関係を求めたいと言うと「他の子の迷惑になります」「先生の負担になります」と言う。しかし、障害に応じた教育は、障害児だけを集めなければできないのではない。むしろ、地域の学校でいろいろなタイプの子がいるなかでこそよくできる。例えば点字。地域の学校で一緒に学べば子ども同士のコミュニケーションの手段になるが、盲児だけが知っていたのでは点訳者が必要になる。一般の児童の教育に支障を生ずるというが、障害者に手を貸すのは当たり前。一緒に暮らすことによってどちらの負担ではなくなる。もちろん人手や設備はどこにいても必要な子には必要で、心がけだけではすまないこともあるが、地域の学校に行くのにスクールバスや寄宿舎はいらない。地域の学校に必要な手だてをして、地域の子がみんな地域の学校に行けば、サラマンカ宣言（一九九四年ユネスコ・スペシャルニーズ教育に関する世界会議で決議）やＯＥＣＤ（経済協力開発機構）の提言を待つまでもなく経済的でもある。要は四、で、普通学級はできる子優先ではみ出した子は特殊教育が引き受けるという現行制度を揺るがすことはできないと言うのである。

なお、分離原則の養護学校義務化施策の中で、文部省が交流を推進したのは、共に学ぶためのステップではなく、身の程を弁えた上で健常者とのつきあい方を覚えさせる、すなわち愛される障害者になることを要求することである。一九七九年告示の盲・聾・養護学校学習指導要領の第四章特別活動には「児童又は生徒の経験を広め、社会性を養い、好ましい人間関係を育てるため、特に特別活動においては、小学校の児童又は中学校の生徒及び地域の人々と活動をともにする機会を積極的に設けることが必要である」と記されていた。交流というなら対等でなければならないが、小・中学校の学習指導要領に盲・聾・養護学校との交流の必要が記されることは一九九八年告示までなかった。

一般の子どもと接することで社会性が身につくなら、初めから分けなければよいのである。一九七九年から九六年まで行われた心身障害児理解推進校指定などの事業は、むしろ「適正就学」を促すねらいのほうが大きかったのではなかろうか。

一九五五年には全国で五校しかなかった養護学校が、五九年には三八校、六四年には一二六校、六九年二二四校と義務化が近づくにつれて増え、七四年に三一八校、そして七九年には六五四校になり、受け入れ態勢が整ってきたが、在籍者は、当面義務化を待っていた過年児を含む未就学児が入って増えたが、八七年をピークに減り続けた。義務教育段階でみれば人数だけでなく全児童・生徒数に対する割合でも確実に減っていった。私たちは、障害をもつ子や親が、分けられるのがいやで、みんな共に学ぶことをめざしている証拠だと言ってきた（表参照）。

ところが、九五年から増加の傾向をみせ始めた。私はその理由を、一、人々が権利の主張よりサービスを求めるようになったこと。二、すべての市民運動が低調になってきたこと（労働組合の組織率もこの年から減り始めている）。三、それに文部省が就学指導の方針を強制から説得に改めたこと、等と考えた。

一九八一年刊の「心身障害児就学指導資料」は「心身障害児の就学に当たっては、児童・生徒の心身の障害の種類と程度を的確に判定し、適切な就学指導を行うことが必要」と示し、各教育委員会はこれに従った。いわば強制措置であった。本人・保護者が地域の普通学級を希望しているにもかかわらず、教育委員会が盲・聾・養護学校に措置してトラブルになる例が各地で頻発した。裁判になるケースもあった。

その中で文部省が強制が教育に馴染まないことに気がついたのか、九五年、就学指導資料を「指導」から「相談」に改訂した。それまでは一方的な措置であったが、措置の前に就学相談なるものが加わった。「就学相談は教育委員会が実施主体として行うものであるが、当初はカウンセリングによる保護者の悩み、不安、願い、感情等を受容した上で、子供の実態を的確に把握する必要がある。保護者や本人の考えも聴き、その上で、特別な教育的対応の必要性の有無やその内容、種類、程度等について相談し、教育措置の必要性について共通の理解を得ることが望ましい。教育措置の基準に該当するか否か、さらに該当する場合の具体的な教育措置が話題とされるのは最後の段階である」として、保護者の信頼を得ることに全力をそそぎ納得させる手立てがるるのべられているが、実態を把握して適正な就学指導をするという目的は変わらないのだから、それでも「理解」が得られない場合は当然ある。その場合当面地域の学校に措置して就学相談が続行される。学期末など折々に話しあいや説得が行われるのはこのケースである。

強制されるとその意図がよく見えるので、抵抗の筋道もわかりやすいが、ある程度でも受容されているとむずかしい。結果として応じてしまう例が多くなる。そう考えて、私はこの三つを運動の側の戒めとして考えてきた。しかし肝心の理由はそれだけではなく、普通学級における能力主義の進行であった。

表にあらわれた特殊教育を受ける子の増加を文科省は〝特殊教育の発展〟と言うが、それが普通学級における能力主義の進行と並行していることを考えると、あらためて特殊教育が使命を果たし続けていることを実感する。

学校　特殊学級					全児童・生徒に対する割合				
弱視	難聴	言語障害	情緒障害	計 (C)	(B)+(C)	(B)+(C) / (A)	通常学級に在籍して通級(D)	(B)+(C)+(D)	(B)+(C)+(D) / (A)
335 (82)	2,063 (454)	7,177 (1,198)	7,237 (1,533)	113,200 (21,060)	181,369	1.07%			
321 (83)	2,042 (493)	7,928 (1,388)	10,278 (2,334)	108,751 (21,854)	175,181	1.00%			
266 (89)	1,821 (510)	6,951 (1,409)	12,063 (3,024)	97,548 (21,765)	160,506	0.95%			
215 (88)	1,568 (490)	6,152 (1,422)	11,543 (3,418)	81,053 (21,313)	137,781	0.90%			
187 (85)	1,386 (492)	6,169 (1,486)	11,161 (3,731)	71,949 (21,452)	123,710	0.88%			
158 (85)	1,252 (487)	5,285 (1,360)	11,327 (3,918)	69,250 (21,619)	119,741	0.88%	12,259	132,000	0.97%
157 (93)	1,223 (499)	4,162 (1,142)	11,637 (4,150)	66,951 (21,849)	117,014	0.88%	14,069	131,083	0.98%
152 (96)	1,201 (506)	3,380 (980)	12,305 (4,464)	66,039 (22,292)	115,583	0.89%	16,700	132,283	1.02%
158 (105)	1,187 (504)	2,639 (808)	12,950 (4,757)	66,162 (22,771)	115,300	0.91%	19,424	134,724	1.07%
161 (110)	1,100 (488)	1,821 (631)	13,860 (5,755)	66,681 (23,400)	115,430	0.94%	22,928	138,358	1.12%
162 (106)	1,034 (448)	1,513 (453)	15,073 (5,496)	67,974 (23,902)	116,618	0.96%	24,928	141,546	1.17%
166 (115)	1,061 (490)	1,298 (384)	16,160 (6,064)	70,089 (25,061)	119,116	1.01%	25,922	145,038	1.24%
174 (123)	1,050 (512)	1,193 (345)	17,508 (6,598)	72,921 (26,256)	122,113	1.06%	27,547	149,660	1.30%
194 (149)	1,068 (528)	1,211 (342)	19,378 (7,292)	77,240 (27,711)	127,529	1.12%	29,565	157,094	1.39%
216 (164)	1,109 (567)	1,166 (325)	21,337 (8,031)	81,827 (29,356)	132,973	1.19%	31,367	164,340	1.47%

$\frac{(B)+(C)}{(A)}$ は全児童生徒に対する特殊教育諸学校および特殊学級に在籍する児童生徒の割合

$\frac{(B)+(C)+(D)}{(A)}$ は全児童生徒に対する通常学級に在籍しながら通級しているものも含め特殊教育を受けている児童生徒の割合

義務教育段階での特殊教育の状況

年度	全児童生徒数(A)	特殊教育諸学校					計(B)	小・中		
		盲学校	聾学校	養護学校				知的障害	肢体不自由	病弱・虚弱
				知的障害	肢体不自由	病弱				
1980	1,692万人	3,238 68	6,230 103	35,467 402	16,030 167	7,204 95	68,169 835	90,108 (16,731)	1,779 (413)	4,501 (649)
1983	1,750万人	2,836 68	5,128 100	36,163 422	14,930 179	7,373 94	66,430 863	82,992 (16,561)	1,331 (351)	3,859 (644)
1986	1,693万人	2,335 70	4,528 107	35,506 460	14,335 186	6,254 95	62,958 918	72,412 (15,789)	1,138 (330)	2,897 (614)
1989	1,528万人	1,781 70	4,216 108	32,416 475	13,176 188	5,139 97	56,728 938	58,362 (14,951)	1,049 (383)	2,164 (561)
1992	1,404万人	1,608 70	3,873 107	29,083 498	12,966 191	4,231 97	51,761 963	50,037 (14,566)	1,299 (552)	1,710 (540)
1993	1,367万人	1,512 70	3,643 107	28,595 500	12,763 190	3,978 97	50,491 964	48,183 (14,586)	1,335 (626)	1,710 (557)
1994	1,332万人	1,442 (67)	3,743 (99)	28,161 (463)	12,730 (189)	3,987 (98)	50,063 (916)	46,629 (14,672)	1,478 (739)	1,665 (554)
1995	1,299万人	1,386 (67)	3,740 (99)	28,092 (462)	12,588 (190)	3,738 (97)	49,544 (915)	45,762 (14,817)	1,561 (830)	1,678 (599)
1996	1,263万人	1,381 (67)	3,657 (99)	27,936 (467)	12,689 (189)	3,475 (95)	49,138 (917)	45,729 (15,017)	1,690 (922)	1,809 (658)
1997	1,234万人	1,329 (67)	3,542 (98)	28,017 (466)	12,450 (190)	3,411 (96)	48,749 (917)	46,023 (15,270)	1,814 (1,018)	1,868 (728)
1998	1,209万人	1,286 (66)	3,415 (100)	28,087 (465)	12,566 (193)	3,290 (96)	48,644 (920)	46,265 (15,513)	2,067 (1,123)	1,860 (763)
1999	1,174万人	1,234 (66)	3,465 (98)	28,665 (469)	12,494 (192)	3,169 (95)	49,027 (920)	47,249 (15,920)	2,289 (1,288)	1,866 (800)
2000	1,152万人	1,184 (67)	3,512 (100)	29,517 (467)	11,971 (192)	3,008 (94)	49,192 (920)	48,712 (16,431)	2,518 (1,446)	1,766 (801)
2001	1,134万人	1,169 (67)	3,499 (98)	30,535 (472)	12,173 (194)	2,913 (95)	50,289 (926)	50,886 (17,005)	2,816 (1,592)	1,687 (803)
2002	1,115万人	1,182 (67)	3,438 (98)	31,634 (473)	12,131 (195)	2,761 (95)	51,146 (928)	53,175 (17,671)	3,131 (1,765)	1,693 (833)

上段：生徒数　下段：学校数　（　）内は高等部のみの学校は除いた学校　（　）内は学級数

〔文科省基本調査により北村作成〕

三　加速する能力主義と進む管理

加速する能力主義

一九九五年は、阪神淡路大震災で始まった。大勢の人が被災したが、とりわけ障害者にとって厳しかった。その中で、施策の貧困と差別性を再確認した障害者自身による復活・救援活動はめざましかった。

一方、九五年という年は、日教組が文部省との協調路線を打ち出した年であり、また文相が新たな教育改革をめざして第十五期中央教育審議会に「二十一世紀を展望した我が国の教育の在り方について」を諮問した年でもあった。この諮問には主な検討事項として、

1. 今後における教育の在り方及び学校・家庭・地域社会の役割と連携の在り方
2. 一人一人の能力・適性に応じた教育と学校間の接続の改善
3. 国際化、情報化、科学技術の発展等社会の変化に対応する教育の在り方

が示されていた。

これに応えて九六、九七年に出された中央教育審議会答申は、戦後教育の見直しを図り、養護学校義務化を促した七一年の答申や臨教審（中央教育審議会や教育課程審議会が文部大臣の諮問機関として文部省に設置されるのに対し、八四年に中曽根総理が強引に総理直属の諮問機関として総理府に設けた臨時教育審議会の略称）答申の総仕上げというべきものであった。

臨教審は八三年に起きた横浜の中・高校生によるホームレス襲撃事件と、東京都町田市忠生中学の、暴力の対象になった教員が生徒に傷害を与えた事件が直接のきっかけとなって設置されたが、その背景には、七五年頃から教育の荒廃と言われる現象が表面化してきていたことがあげられる。その原因は偏差値教育、受験競争の激化であったが、七九年から始まった共通一次試験がさらに拍車をかけた。このような客観情勢をとらえ、中曽根総理が教育改革を行財政改革に次ぐ政治目標として掲げての設置であった。教育全般を再検討し、個性尊重を阻んでいる平等主義を見直し、秀でた才能を評価し、個性を生かす教育の実現のため、教育システムを多様化、弾力化する諸政策、時代の変化に対応する学校像など、八七年まで四次にわたって答申や提言をした。

これに従い八九年三月、学習指導要領が改訂された。学習指導要領は、一九五八年告示以来、六八年、七七年とほぼ一〇年ごとに改訂され、そのたびに国家主義と能力主義が強調されてきたが、この改訂で国家主義的道徳の強化が飛躍的に進んだ。

いままで「国旗・国歌」については「国旗を掲揚し国歌を斉唱させることが望ましい」であっ

たものを、八九年の改訂で「入学式や卒業式などにおいては、その意義を踏まえ、国旗を掲揚するとともに、国歌を斉唱するように指導するものとする」と変わり、入学式や卒業式も子ども本位ではなく、日の丸・君が代を強制し、厳粛さを求めるようになった。後に述べる指導要録開示裁判をした渡辺恵実さんは、九五年三月、自分自身の卒業式において介助者により途中で外に連れ出されている。高校社会科を解体再編し「地理歴史科」と「公民科」に、小学校低学年の社会科と理科を廃止し「生活科」を設け、道徳的指導の導入をしやすくした。中学校の選択教科をすべての教科に拡大。保健体育の「格技」を「武道」に改めた。唯一評価できるのは国際的な流れによるものであるが、高校で男子も家庭科が必修になったことである。

文部省が「二十一世紀を展望した我が国の教育の在り方について」を諮問したのは、一九七一年答申や臨教審答申を受けて具体化を進めてきたが、受験競争の過熱が続き、子どものいじめ、不登校、「非行」等は深刻化するばかりで、これらが画一的な教育によるものという批判を受けるなか、さらに臨教審路線を発展させる形で、新しい教育改革に乗り出す方針で行ったものである。従ってこれを発端に教育課程審議会（教課審）、教育職員養成審議会（教養審）、大学審議会、生涯学習審議会など、文部省の主だった審議会が総動員で教育改革の構想づくりに取り組み、九九年には各審議会の答申がほぼ出揃うことになるわけである。

九六年七月の中央教育審議会の第一次答申は、「生きる力」をはぐくむため子どもたちの「ゆとり」を確保し、主体的に使える時間を増やすべきとして、学校週五日制はこのような教育を実現する有効な方途であると提言。教育内容を厳選し、基礎・基本の確実な習得を図り、教科の枠を超えた総合学習の時間の新設を提案する一方、個性を伸ばす教育の推進のため、さらに選択教科を拡大することを求めた。

九七年六月の第二次答申は、能力・適性に応じた教育をテーマに、多様な選択を可能にする学校制度を目指して、中高一貫教育と飛び入学の導入を提言した。

中教審が第二次答申を提出する直前の九七年五月、神戸市で衝撃的な「酒鬼薔薇事件」が発生した。これが引き金になって文部省は道徳教育の一層の強化をすすめ、文相は「幼児期からの心の教育の在り方について」を諮問。中教審は、九八年六月に答申。これを受けて文部省は「全国子どもプラン」をつくり、子どもセンターの全国展開を推進。家庭には「家庭教育手帳」と「家庭教育ノート」を配布、学校にはスクールカウンセラーを派遣したり、「心の教室」を設けて「心の相談員」を配置。また道徳教育強化のために地域の人材活用や資料の作成、研修の充実などを行った。これにより道徳教育は「心の教育」に拡大され、二〇〇二年には『心のノート』を小・中学生全員に配布した。一方、少年法が「改正」され、刑事罰対象を一六歳から一四歳に引き下げ、凶悪犯罪は家裁でなく地裁で刑事裁判を受けるようになった。

また九七年一月には橋本総理が経済改革、社会保障構造改革、行政改革などに教育改革を加えた六大改革を提唱。この改革では「規制緩和」と「地方分権」、「公開」と「参加」がキーワードになり教育改革にも持ち込まれた。

九五年から始まった新たな教育改革の方向を諸答申からみて、『教育白書』（二〇〇一年度版）は、

1.「心の教育の充実」深刻化する不登校・いじめ、「非行」、学級崩壊などの教育荒廃を克服し、豊かな人間性をはぐくむ。

2.「個性を伸ばし、多様な選択ができる学校制度の実現」過度の平等主義や画一性を改め、個性を生かす多様で弾力的な学校教育に転換し、創造性に富む人材を育成する。

3.「現場の自主性を尊重した学校づくりの促進」教育行政の分権化を進め、教育委員会の主体性を確立し、さらに学校の裁量権を拡大して、自主的・自律的な学校運営を目指す。

と整理している。ちなみにこの方向は、二〇〇〇年三月に発足する教育改革国民会議の検討の柱とほぼ一致している。

一九九八年七月、教課審は、中教審の第一次答申を下敷きに、「ゆとり」の中で「生きる力」をはぐくむ観点から小学校三年以上に総合的な学習の時間の新設、五日制に対応して小・中学校の年間授業時数の七〇単位時間削減、個性・能力に応じた学習の充実、選択学習の拡大、道徳教育やボランティア活動に力点を置くなどという答申をまとめた。

中教審第一次答申、教課審、そして続く学習指導要領に、「『ゆとり』の中で『生きる力』」とか「個性に応じた」「能力」「適性」などという曖昧な言葉が繰り返されるが、一体「生きる力」

とはどんな力だろうか。一次答申は「いかに社会が変化しようと、自分で課題をみつけて、自ら学び、自ら考え、主体的に判断し、行動し、よりよく問題を解決する資質や能力」と言っているのだから、素直に読めば、世の中が不透明だから、取りあえずどう変わっても何とかなる力をというのだろう。これが教育の目的になり得るのだろうか。命は「私」のものである。そう軽々しく「生きる」などということを言ってもらいたくはないし、国や学校に用意できるものではない。娑婆で場数を踏んで身につくものである。私たちは国が用意した法律を破って闇米を食べたから生きてこれた。

そもそも「『ゆとり』の中で『生きる力』」ということが、すべての子どものために考えられたのではなかった。のちに斉藤貴男さんが教課審の会長であった三浦朱門氏に取材した時のことを次のように記されている。

「非才、無才は、実直な精神だけ養っておけ」

三浦朱門・前教育課程審議会会長（七十四歳）の証言を紹介しよう。東大言語学科卒、八〇年代半ばに文化庁長官も務めた作家で、教育改革国民会議の有力メンバーであるやはり作家の曾野綾子氏を夫人に持つ三浦氏は、〝ゆとり教育〟を深化させる今回の学習指導要領の下敷きになる答申をまとめた最高責任者だった。

「学力低下は予測し得る不安と言うか、覚悟しながら教課審をやっとりました。いや、逆に平均学力が下がらないようでは、これからの日本はどうにもならんということです。つまり、できん者はできんままで結構。戦後五十年、落ちこぼれの底辺を上げることにばかり注いできた労力を、できる者を限りなく伸ばすことに振り向ける。百人に一人でいい、やがて彼らが国を引っ張っていきます。限りなくできない非才、無才には、せめて実直な精神だけを養っておいてもらえばいいんです。

トップになる人間が幸福とは限りませんよ。私が子供の頃、隣の隣に中央官庁の局長が住んでいた。その母親は魚の行商をしていた人で、よくグチをこぼしていたのを覚えています。息子を大学になんかやるもんじゃない、お陰で生活が離れてしまった。行商も辞めさせられて、全然楽しくない、魚屋をやらせておけばよかったと。裏を返せば自慢話なのかもしれないが、つまりそういう、家業に誇りを与える教育が必要だということだ。大工の熊さんも八っつぁんも、貧しいけれど腕には自信を持って生きていたわけでしょう。

今まで、中以上の生徒を放置しすぎた。中以下なら〝どうせ俺なんか〟で済むところが、なまじ中以上は考える分だけキレてしまう。昨今の十七歳問題は、そういうことも原因なんです。

平均学力が高いのは、遅れてる国が近代国家に追いつけ追い越せと国民の尻を叩いた結果ですよ。国際比較をすれば、アメリカやヨーロッパの点数は低いけれど、すごいリーダーも出てくる。日本もそういう先進国型になっていかなければいけません。それが〝ゆとり教育〟の本当の目的。エリート教育とは言いにくい時代だから、回りくどく言っただけの話だ」

――それは三浦先生個人のお考えですか。それとも教課審としてのコンセンサスだったのですか？

「いくら会長でも、私だけの考えで審議会は回りませんよ。メンバーの意見はみんな同じでした。経済同友会の小林陽太郎代表幹事も、東北大学の西澤潤一名誉教授も……。教課審では江崎玲於奈さんの言うような遺伝子診断の話は出なかったが、当然、そういうことになっていくでしょうね」

（『機会不平等』文藝春秋、二〇〇〇年）

すべての子どものための教育を見直して、百人に一人のエリートのための教育をめざそうというのである。しかし考えてみれば、日本の教育にほんとうに落ちこぼれの底辺を上げることばかりに力を注いだことなどあっただろうか。落ちこぼれができること自体、できる子中心の教育をしている証拠ではないか。確かに私たちは平等な教育をめざした。でも激しく進む受験競争の中で追いつくことはなかった。

忙しい障害者、排除される障害児――新学習指導要領「総合的な学習の時間」

教課審（審議のまとめ）を受けて、文部省は学習指導要領を改訂し、九八年十二月告示した。その骨格は、1「生きる力」をめざし、2「個性尊重」の立場から、3「能力・適性に応じた教育」の展開である。本文や解説書を読むと、「個性」とか「適性」という言葉が入れ替りながら「能力」と組み合わせて繰り返される。金子みすずにあやかって「ちがいを認めてみんな伸ばす」などと言って文部省に迎合する人がいるが、遅れがちな子や障害児につきあってきた私たちは、「個性に応じる」が子どもを分離・分断することに使われてきたことを知っているのでごまかされることはない。「個性」も「適性」も本来の意味ではなく、代替可能な使い方で「能力」を露骨に言うのを避けるために添えられているに過ぎない。「個性を生かす教育」も「能力・適性に応じた教育」も「能力に応じた教育」で、能力に応じて、できる子には進んだ教育を、できない子にはほどほどの教育をということである。巧妙な言い廻わしではあるが、「能力に応じた教育」として一九七一年の中教審からめざしてきたハイタレントの早期発掘、効率のよい養成政策が一段と強まったということである。

新学習指導要領の実施は二〇〇二年度からであったが、二〇〇〇年度から移行措置が始まった。途端に私たちのまわりの障害者が忙しくなった。原因は、新しく設けられる総合学習の時間である。週三時間程度、内容は学校の創意工夫にまかせる。しかも教科のように評定はしないというものである。

この総合的な学習の時間については日教組も、「文部省が制度疲労を認めた上での英断」と言ったが、はたしてそう評価できるだろうか。目標は示されていないが、ねらいには「自ら課題を見つけ、自ら学び、自ら考え、主体的に判断し、よりよく問題を解決する資質や能力を育てる」とある。文字面を読めば日教組でなくても評価したくなるが、ねらいに示されているようなことが、ますます強化される管理体制のなかでできるはずがない。子どもが自ら学び、自ら考えるためには教員が自由でなければならない。しょせん学校（教委）の手の内のことである。

指導要領には活動内容として、「例えば国際理解、情報、環境、福祉、健康などの横断的・総合的な課題、児童の興味・関心に基づく課題、地域や学校の特色に応じた課題などについて、学校の実態に応じた学習活動を行うものとする」とある。例示は例示に過ぎないが、大体そのとおりに始まっている。国際理解として、小学校で英語の時間にしたところも多い。（文科省は小学校英語活動の手引書を作って配っている。）

障害者にも声がかかるようになった。私の友人である車椅子の障害者の手帳には、小学校の総合的な学習の時間の講師の予定が連なっていた。教室に呼ばれ、生い立ちや日常生活について語る。子どもたちは車椅子に触ったり押したりする。「街に出て不自由なことは」とバリアフリーについて質問もする。そして「障害者にも不便のない街にしなければいけないと思います」。「障害があるのにがんばっている姿に感動しました」などという作文を書く。教員は障害者に対する理解が一定程度であれ得られたと満足する、というパターンである。共に学ぶという視点ではないので、招かれる障害者は限定される。コミュニケーションがなりたって障害のよくわかる人がよい。

ある小学校四年生の教室では、まず車椅子の障害者が招かれた。次は聴覚障害者であった。事前に少しばかり手話を練習しておいた。子どもたちは聴覚障害者と一緒に「夕焼小焼」の手話コーラスを楽しんだ。その次には視覚障害者を招いた。アイマスクをつけて視覚障害を疑似体験したり、やはり事前に練習しておいた点字を読んでもらって喜んだ。学校はひととおり障害者に対する理解が進んだと考え、知的障害者を招くことはなかった。担任の教員は四年生に理解を求めるのは困難というが、教員自身の理解が困難なのである。教員も子どもたちも学校で働く人のなかに障害をもつ人がいないことに疑問をもつことはなかった。子どもたちがそんな学習をしている間に、自閉的傾向があり多動と言われるAさんが学習の妨げになっているという声が保護者たちの中から起こり、やがてAさんにあった学校に行くべきという声になり、担任も加担して奨め、間もなく隣の学校に併設されている特殊学級に転校して行った。珍しいことではない。

都合のいい障害者を「理解」すれば、都合の悪い障害児は居辛くなるわけである。

教育改革国民会議

一九九九年の半ば頃から学力低下論が横行し始めた。火をつけたのは『分数のできない大学生』(西村和雄著、東洋経済新報)であった。これをきっかけに「ゆとり教育」が学力低下を招いているという意見が相次いだ。週五日制に伴い学習内容を三割減する新学習指導要領の実施中止を要求する団体も現れた。

これに対して文部省は、内外の調査資料等をあげて懸命に反論した。私はこの段階で、文部省は反論に精を出すのでなく、正直に、「学力観も変わったことだし、百人に一人のエリートを育て、他は実直であればよいのだから、全体としての学力低下はいとわない」と言うべきであったと思う。そうすれば批判はもう少し筋道だって起こったと思う。

学級崩壊や不登校の増加、子どもの自殺なども教育問題としてだけでなく政治的に語られるなかで、二〇〇〇年三月、戦後教育の在り方の見直しをめざして教育改革国民会議（以下、国民会議）が、首相の私的諮問機関として発足した。首相直属の機関が教育改革に取り組むのは、中曽根康弘内閣の「臨教審」以来のことである。

発足に先立ち、小渕恵三首相と中曽根弘文文相は連名で彼らの言うところの有識者や文化人、スポーツ人に教育改革についての意見を求めている。そこには①基本理念　②家庭・学校・地域社会の役割、生涯教育の進め方　③「個」と「公」の考え方　④教育的改革の進め方の四つの課題が示されていた。即これが国民会議の議題になった。

小渕首相は発足の挨拶で「教育の基本にさかのぼって議論してほしい」と教育基本法改定の意図を示した。座長は斉藤貴男さんの取材に次のように応対する江崎玲於奈であった。

教育改革国民会議座長の「優生学」

「人間の遺伝情報が解析され、持って生まれた能力がわかる時代になってきました。これからの教育では、そのことを認めるかどうかが大切になってくる。僕はアクセプト（許容）せざるを得ないと思う。自分でどうにもならないものは、そこに神の存在を考えるしかない。その上で、人間のできることをやっていく必要があるんです。

ある種の能力の備わっていない者が、いくらやってもねえ。いずれは就学時に遺伝子検査を行い、それぞれの子供の遺伝情報に見合った教育をしていく形になっていきますよ」

「遺伝的な資質と、生まれた後の環境や教育とでは、人間にとってどちらが重要か。優生学者はネイチャー（天性）だと言い、社会学者はノーチャー（育成）を重視したがる。共産主義者も後者で、だから戦後の学校は平等というコンセプトを追い求めてきたわけだけれど、僕は遺伝だと思っています。

これだけ科学技術にお金を投じてきたにもかかわらず、ノーベル賞を獲った日本人は私を含めてたった五人しかいない。過去のやり方がおかしかった証拠ですよ」

遺伝がすべてだとまでは、江崎座長は言わない。彼は初めのうち、「天性に見合った教育が必要だ」とだけ話していた。具体的な方法論を質して返ってきたのが、このような主張だった。

（斉藤貴男著『機会不平等』文藝春秋、二〇〇〇年）


小渕首相の急逝（二〇〇〇年四月）後、あとを引継いだ森喜朗首相は、「神の国」発言とともに、より熱心に教育基本法改正の必要を述べた。その政治的思惑に引きずられ「初めに改正ありき」で二〇〇〇年九月には中間報告を出し、申しわけ程度に「一日教育改革国民会議（公聴会）」を三カ所で開いて同年十二月二十二日には最終報告を公表した。

教育を変える十七の提案と称する最終報告（六章参照）は、広い層からの批判はともかく聴取した意見さえも反映されていないし、委員の意見も一致したものではなかった。

まず問題は、主体であるはずの子どもを管理の対象としかみていないことであり、同時に教職員に対しても表彰や評価、配置換えなどをあげ、やはり管理の姿勢をみせていることである。何よりも許し難いのは、私たちが〝二十一世紀こそ共生の世紀〟と思っているのに対して、

「◎問題を起こす子どもへの教育をあいまいにしない
一人の子どものために、他の子どもたちの多くが学校生活に危機を感じたり、厳しい嫌悪感を抱いたりすることのないようにする。不登校や引きこもりなどの子どもに配慮することはもちろん、問題を起こす子どもへの対応をあいまいにしない。その一方で、問題児とされている子どもの中には、特別な才能や繊細な感受性を持った子どもがいる可能性があることも十分配慮する。
(1) 問題を起こす子どもによって、そうでない子どもたちの教育が乱されないようにする。
(2) 教育委員会や学校は、問題を起こす子どもに対して出席停止など適切な措置をとるとともに、それらの子どもの教育について十分な方策を講じる。
(3) これら困難な問題に立ち向かうため、教師が生徒や親に信頼されるよう、不断の努力をすべきことは当然である。しかし、これは学校のみで解決できる問題ではなく、広く社会や国がそれぞれ真剣に取り組むべき問題である。」

というくだりである。エリート養成のため、邪魔な子を、受け入れ先を用意した上で排除しようというのである。問題を起こす子の問題につきあうのが教育である。子どもの叫びや抵抗を子どもの責任にする「排除の論理」では何も解決しない。

一方、今までの特殊教育に代わって二〇〇一年一月から使われ始めた「特別支援教育」では障害児の枠を拡大し、知的障害のないＬＤ（学習障害）とかＡＤＨＤ（注意欠陥／多動性障害）、高機能自閉症などと言われる子を分離しようとしている（四章参照）。

首相の私的諮問機関に過ぎない報告であるが、真に受けた文科省の対応は素早かった。報告の一カ月後の二〇〇一年一月二十五日には、今後取り組む教育改革の全体像を示す「二十一世紀教育新生プラン」を策定し、教育改革広報推進室を設けて猛烈な勢いで広報活動を進めた。具体的には　1．教育改革フォーラム（全国行脚）の開催を通して「二十一世紀教育新生プラン」の説明と意見交換　2．経済団体との懇談会を通して教育改革について企業の理解と協力を求める　3．マスコミを利用しての広報活動、等である。

よって、教育現場には地方分権と相まって教育改革の嵐が吹きまくるわけである。

次は二十一世紀教育新生プランの重点を七つに絞ったレインボープランである。

①わかる授業で基礎学習の向上を図る（▽非常勤講師を活用して小学校では国語、算数、理科で、

中学校では英語、数学、理科で五年後までに二〇人授業を実現▽習熟度別学習▽全国学力調査の実施）

②多様な奉仕・体験活動で、心豊かな日本人の育成（▽小中高校で授業の一環としてのボランティア活動を推進。ボランティア活動を記録した「ヤング・ボランティア・パスポート」を作成して高校の単位に認定し、大学入試や就職試験に活用▽「子どもゆめ基金」を創設して、青少年団体が行う体験活動に助成▽『心のノート』を平成一四年に小中学生全員に配付）

③楽しく安心できる学習環境の整備（▽問題を起こす子に出席停止命令や支援措置▽学校部活動の活性化▽有害情報から子どもを守る取り組み）

④父母や地域に信頼される学校づくり（▽学校評議員の導入▽学校評価の実施▽新しいタイプの学校の設置促進▽保護者参加や情報公開による教育委員会の活性化）

⑤教える「プロ」としての教師を育成（▽優秀な教員の表彰制度と特別昇給の実施▽教員の社会体験研修の制度化。民間企業で社会性を磨く▽指導力不足教員の異職種配転や研修強化）

⑥世界水準の大学づくりの推進（▽大学への一七歳飛び進学を全分野に拡大▽大学三年から大学院進学の一般化▽プロフェッショナルスクールの整備▽国立大学の法人化▽世界的水準の研究への重点配分「二一世紀ＣＯＥプログラム」▽大学への第三者評価の導入

⑦新世紀にふさわしい教育理念の確立と教育基盤の整備（▽新しい時代にふさわしい教育基本法の見直し▽教育振興基本計画の策定）

これらを具体化するために文科省は五つの教育改革関連法案を国会に提出、二〇〇一（平成十三）年六月までに成立、予算化されていった。

教育改革の現場

各地の教育委員会は競い合うように教育改革を進めている。例えば東京の品川区。教育長の「学校（教員）は自らは変わらない。変えるにはプレッシャーをかけるしかない。自発性に任せることは閉鎖性と独善性を放置することになる」という発想から、二〇〇〇年度から始まった教育改革プラン21のキーワードは、学校選択制、外部評価制度、学力定着度調査の実施と公開である。いずれも教員に過度の緊張を強い、競争を煽るものである。

二〇〇四年一月二十八日、品川区立総合区民会館「きゅりあん」で、四年間の成果を披露する「プラン21フォーラム」が開かれた。何かと注目されることの多い品川区とあって全国から参加があり、一〇七四人収容の会場は満員であった。時刻表片手に息せき切って私の隣に座った人は宮城県から来たと言っていた。

フォーラムでは、教育長や校長会代表や学校から、現状維持的な規則基盤型学校経営から成果基盤型の学校経営に具体的に一歩踏み出したと語られたが、そこに見えるのは学校（教員）に対する外圧ばかりで、子どもの息吹きや教員の子どもに対するまなざしを感じることはなかった。

教育改革が始まって以来、毎年の人事異動で品川から転出を希望する人は多いが、転入を希望する人は皆無に近い。このことからも、この「改革」が品川の子どもや教員に希望を持たせるものではないことがわかる。報告書の習熟度別学習の成果の欄には「教員の習熟度別学習に対する偏見が払拭され、学力向上への意欲が高まりました」とあるが、もし、そう見えるとすれば、教員が管理され、子どもを管理することに馴れてしまったということである。そんななか、障害をもつ子が普通学級に居続けることは難しい。

例えば東京都の国立市の場合、

「一九五二年十一月一日

国立市教育委員会は本日ここに成立した。

その発足にあたり本委員会は、日本国憲法を守り、教育基本法を尊重し、教育・学術および文化の発展向上を図り、市民の福祉を増進するために、何ものにもとらわれず、何ものにも屈せず、厳粛・公平に職務を遂行して、市民各位の信託にこたえることを誓約する。

右声明する。

国立市教育委員会」

という声明で出発した国立市教育委員会は、以来一貫して人権を尊重する教育を目標にしてきた。当然、障害をもつ子の普通学級受け入れにも意欲的であった。

それが、国旗・国歌法制定後の二〇〇三年三月の卒業式以後激変する。子どもたちの校長に対する「なぜ日の丸を揚げるのですか」という素直な質問の声を、教員のそそのかしとしか見ない右翼団体、政治家、マスコミの激しい「国立偏向教育」バッシングが続き、いま、国立市教育委員会は、文科省・石原都政への忠実路線を歩んでいる。革新系の上原市長に迎えられた石井昌浩教育長（二〇〇三年九月退任）は、教員たちに管理的に立ち向かい、大がかりな人事異動を行い、教員組合に所属し前年度処分を受けた教員の多くを、本人の意思に関係なく転出させ、管理職や管理職候補を大幅に増やした。

その中で国立市立第五小学校は、文科省および東京都の学力向上フロンティア事業推進校を引き受けた。めざすものは、「基礎・基本的な学力の定着と向上を図るための実践的研究――少人数による個に応じた指導の工夫」である。

その実態の一端を二〇〇四年一月二十七日の二年次研究報告会に見た。少人数指導は三年生からで、機械的分割、課題別、習熟度別という分け方が試みられていたが、学級集団を無視した学習は、いずれの分け方も違う教室、違う先生、違う友達との学習に戸惑いが目立ち、学習集団としての機能はほとんど果たしておらず、成功しているとは思えなかった。

それに比べれば、分けない一年生の教室は楽しかった。のびのびと響きあう集団の勢いを、なぜ分けてそがなければいけないのか。習熟度別学習の指導案には「少人数学習集団に分かれる前のオリエンテーション。簡単なプレテストを実施後、それをもとに自己評価して自分の学習状況をつかませ、単元の見通しをもたせ、以降の学習集団を選択させる授業」「自己選択力をつけるためには、幾つかの条件がある。まず、前提として友だち関係や担当教師によって学習集団を選択しないことがあげられる」などとある。

少人数指導による個に応じた指導とは、子どもに友達と共に学びたいという想いを断ち切って分際を弁えさせ、自己責任に帰着させるのが目的のようである。このような体制の中には、障害をもつ子は在籍すら許されそうにない。すでに国立市教委が路線変更して以来、幾人もの障害児が普通学級から排除されている。

ちなみに「つくし学級」という特殊学級の中でも発達段階によって分かれて学習していた。習熟度別学習については一九八九年の改訂学習指導要領で、総則に「個性を生かす教育の充実」が入って、それまで高校で行われていたものが中学校に拡大され、さらには教育改革国民会議の提言「生活集団と学習集団を区別し、教科によって少人数や習熟度編成を行う」と相まって小学校でも行われるようになってきた。さらには「二十一世紀教育新生プラン」にも、学力向上のための指導の重点を提示した二〇〇二年一月の「学びのすすめ」にも登場する。

急速に習熟度別学習が広まるのは、学力低下論に応える形で都道府県が加配教員を予算化したところからである。文科省は導入は学校の判断に委ねているが、個に応じた指導の具体例として実質的には奨励している。これにさらに拍車をかけたのが、個に応じた指導の充実を訴える「初等中等教育における当面の教育課程及び指導の充実・改善方策について」(二〇〇三年十月七日中教審答申)であり、発展的学習を奨励する「小・中・高校の学習指導要領の一部改訂(二〇〇三年十二月二十六日）である。

学習効果を上げるため習熟度別学習をするという方式は障害児に厳しいことである。地域の子どもとして地域の学校の学級に位置づきなじんでいるからこそ、学習集団としての学級にもなじんでいけるのである。だから学習集団になじめず結果として生活集団からも脱落あるいは排除され、養護学校や特殊学級に排除されるケースが出ている。

佐藤学さん（東京大学、教育学）は、習熟度別学習が国際的にみても時代遅れで有効性のないことを調査研究の資料をあげて説明され、協同的な学びを提唱されているが、（『習熟度別指導の何が問題か』岩波ブックレット、二〇〇四年等）遅れた子や障害をもつ子とつきあってきた私たちは、それらを待つまでもなく、体験として習熟度別に分けることの弊害を知っている。だからこそ、能力による差別をせず、誇りをもって共に学ぶことをめざしてきた。習熟度別学習の導入は、そのような教員の誇りを管理の強化によって奪って成り立つものである。二〇〇三年七月の文科省の調査でも、小学校で四八％、中学校で四七％の教員が「児童・生徒の間に優越感や劣等感がみられる」と答えている。教員も競わされているので、勝ち進むにはこのような迷いは振り払わなければならないが、それを教育と言うのだろうか。

進む管理

あたかも教育改革の柱であるかのように、各地で教員に対する管理が進んでいる。あいつぐ処分にもめげず闘いを続けている人もいるが、多くは竦んでいる。竦めばさらに追い打ちがかかる。資料1はその一端を示すものである。このようなものが出れば、新たな闘いを組む人もいるが、資料2のように魂を権力に売り渡そうと呼びかける人もいる。

資料1

一五教指企第五六九号

平成十五年十月二十三日

都立高等学校長　殿

都立盲・ろう・養護学校長　殿

東京都教育委員会教育長

横　山　洋　吉

（公印省略）

入学式、卒業式等における国旗掲揚及び国歌斉唱の実施について（通達）

東京都教育委員会は、児童・生徒に国旗及び国歌に対して一層正しい認識をもたせ、それらを尊重する態度を育てるために、学習指導要領に基づき入学式及び卒業式を適正に実施するよう各学校を指導してきた。

　これにより、平成十二年度卒業式から、すべての都立高等学校及び都立盲・ろう・養護学校で国旗掲揚及び国歌斉唱が実施されているが、その実施態様には様々な課題がある。このため、各学校は、国旗掲揚及び国歌斉唱の実施について、より一層の改善・充実を図る必要がある。

　ついては、下記により、各学校が入学式、卒業式等における国旗掲揚及び国歌斉唱を適正に実施するよう通達する。

　なお、「入学式及び卒業式における国旗掲揚及び国歌斉唱の指導について」（平成十一年十月十九日付十一教指高第二〇三号、平成十一年十月十九日付十一教指心第六三号）並びに「入学式及び卒業式などにおける国旗掲揚及び国歌斉唱の指導の徹底について」（平成十年十一月二十日付十教指高第一六一号）は、平成十五年十月二十二日限り廃止する。

記

1　学習指導要領に基づき、入学式、卒業式等を適正に実施すること。
2　入学式、卒業式等の実施に当たっては、別紙「入学式、卒業式における国旗掲揚及び国歌斉唱に関する実施指針」のとおり行うものとすること。
3　国旗掲揚及び国歌斉唱の実施に当たり、教職員が本通達に基づく校長の職務命令に従わない場合は、服務上の責任を問われることを、教職員に周知すること。

別紙　入学式、卒業式等における国旗掲揚及び国歌斉唱に関する実施指針

1　国旗の掲揚について

入学式、卒業式等における国旗の取扱いは、次のとおりとする。

(1)国旗は、式典会場の舞台壇上正面に掲揚する。

(2)国旗とともに都旗を併せて掲揚する。この場合、国旗にあっては舞台壇上正面に向かって左、都旗にあっては右に掲揚する。

(3)屋外における国旗の掲揚については、掲揚塔、校門、玄関等、国旗の掲揚状況が児童・生徒、保護者その他来校者が十分認知できる場所に掲揚する。

(4)国旗を掲揚する時間は、式典当日の児童・生徒の始業時刻から終業時刻とする。

2　国歌の斉唱について

入学式、卒業式等における国歌の取扱いは、次のとおりとする。

(1)式次第には、「国歌斉唱」と記載する。

(2)国歌斉唱に当たっては、式典の司会者が、「国歌斉唱」と発声し、起立を促す。

(3)式典会場において、教職員は、会場の指定された席で国旗に向かって起立し、国歌を斉唱する。

(4)国歌斉唱は、ピアノ伴奏等により行う。

3　会場設営等について

入学式、卒業式等における会場設営等は、次のとおりとする。

(1)卒業式を体育館で実施する場合には、舞台壇上に演台を置き、卒業証書を授与する。

(2)卒業式をその他の会場で行う場合には、会場の正面に演台を置き、卒業証書を授与する。

(3)入学式、卒業式等における式典会場は、児童・生徒が正面を向いて着席するように設営する。

(4)入学式、卒業式等における教職員の服装は、厳粛かつ清新な雰囲気の中で行われる式典にふさわしいものとする。

資料2

平成十六年二月十六日

都立高等学校音楽科教諭　殿

東京都高等学校音楽教育研究会長

（都立小平南高等学校長）長沢功一

入学式、卒業式等における国旗掲揚及び国歌斉唱の実施について各都立高等学校の音楽科教諭のみなさま、日頃から高音研の活動に御尽力いただき誠にありがとうございます。

さて、平成十五年十月二十三日、東京都教育委員会教育長から通知された、十五教指企第五六九号「入学式、卒業式等における国旗掲揚及び国歌斉唱の実施について（通達）」の受け止め方として、各都立高等学校の音楽科教諭の一部の先生方に混乱が見られることは、高音研会長として誠に憂慮に耐えません。

高音研会則第一一条「会長は、本会を代表し会務を統括する」に基づき、この通達の基本的な部分について、全ての都立高等学校の音楽科教諭の皆様に再確認していただくために、本文書を作成しました。

さて、この通達の別紙「入学式、卒業式等における国旗掲揚及び国歌斉唱に関する実施指針」の2には、国歌の斉唱について(1)〜(4)の具体的な指示があります。（下記参照）

各都立高等学校では、この通達に基づき、学習指導要領に沿った適正な入学式、卒業式等を実施しなければなりません。そのためには、音楽科教諭が国歌を伴奏し、生徒に国歌を指導する必要があります。従って、入学式、卒業式等の適正かつ円滑な実施のために、音楽科教諭の果たすべき責任は、極めて重大であります。

現在、我が国では、国歌についてさまざまな立場からの意見があります。先生方お一人一人も、国歌に対してさまざまな思いがあることでしょう。また、音楽科教諭のみなさまは、国歌を指導し、ピアノ伴奏をする当事者として、他の教科の先生方とは比較にならない緊張を強いられる立場であることもまた事実であります。高音研会長として、いかに各先生方を支え援助してゆくか、真剣に考えているところです。

万一、各都立高等学校における入学式、卒業式等において、式進行の要となる音楽科教諭が、個人的な思いにより、学校長による職務命令を逸脱した行動を取り、厳粛であるべき式の流れを妨げるようなことがあれば、参列者の期待を裏切り、都民に対する都立高等学校教育の信用を失墜させるばかりか、これまで、全日音研高等学校部会を牽引してきた都高音研の成果は瓦解し、その結果、将来の都立高等学校の音楽教育の地位そのものを危うくする行為となるでしょう。こうした混乱が、これまで営々と築いてきた都立高等学校の音楽教育の汚点となることは、高音研会長として誠に慚愧に耐えません。

高音研の会員たる音楽科教諭のみなさま、高音研の会則第二条には、会の目的として、「東京都高等学校音楽教育の向上発展に寄与する」とあります。この文書が、真にこの目的にかなうものであるかどうかについては異論のあるところでしょう。しかし、こうした文書を出さざるを得ない、音楽科を取りまく困難な状況をぜひご理解ください。そして、小異を捨てて大同に就いていただきたいと切に願います。

最後に、音楽科教諭の皆様におかれましては、それぞれが所属される各都立高等学校校長の命に服し、東京都教育委員会教育長の通達を遵守し、各都立高等学校の入学式、卒業式等における係分担を粛々とおこなわれますよう、重ねてお願い申し上げます。
なお、講師の皆様におかれましても、この趣旨をご理解いただき、御協力くださいますようお願い申し上げます。

参考「入学式、卒業式等における国旗掲揚及び国歌斉唱に関する実施指針」より

2 国歌の斉唱について

入学式、卒業式等における国歌の取扱いは、次のとおりとする。

(1) 式次第には、「国歌斉唱」と記載する。
(2) 国歌斉唱に当たっては、式典の司会者が、「国歌斉唱」と発声し、起立を促す。
(3) 式典会場において、教職員は、会場の指定された場所で国旗に向かって起立し、国歌を斉唱する。
(4) 国歌斉唱は、ピアノ伴奏等により行う。

次に紹介する二つの裁判の判決は、管理する教員を、子どもに対する管理者に仕立てようとする事例と言えよう。前者は、教員が君が代伴奏のピアノを弾けば子どもに歌わせやすいと言い、後者は開示させないから指導要録にはマイナス面もちゃんと書けと言う。

公務員に内心の自由はない

入学式で「君が代」のピアノ伴奏をしなかったことを理由に「戒告処分」を受けたことが憲法十九条に違反するとして、処分取消を求めていた東京都日野市の小学校音楽専科教員の裁判の判決が、二〇〇三年十二月三日東京地裁で出された。人事委員会審理から数えて四年余、本人はもちろん、弁護団、教師、保護者等が一体となって取り組んできた。審理ではかなり原告側の主張が取り入れられ、証人尋問では問題点を明らかにすることができたので、もしかしたら、何とか内心の自由を保障する判決が出るのではないかという期待が持たれていたが、「処分は憲法に違反せず、手続きも適法だ」として「請求棄却」であった。

判決は「入学式に『君が代』をピアノ伴奏することは、職務に関する事項に含まれる」と言うが、ピアノ伴奏を義務づける根拠はどこにもない。また公務員の思想良心の自由について「公共の福祉の見地から、公務員の職務の公共性に由来する内在的制約を受ける」と指摘し「本件職務命令が、教育公務員である原告の思想・良心の自由を制約するものであっても、原告において受忍すべきもの」という。「君が代」をピアノ伴奏するかどうかは「公共の福祉」と関係はない。教職員は「思想、良心の自由」を奪われても耐えろと言うのである。これは憲法に違反する。

さらに「『君が代』斉唱の指導を円滑に行うためには斉唱の際にピアノ伴奏することが一定程度有効である」とも言っている。すなわち、この判決は、原告にとって憲法に違反した不当な判決というだけでなく、子どもたちにとっての強制を意味する。学習指導要領は総則で「自ら学び自ら考える力の育成」を謳っている。教員が自由でなければ自ら考える力は育たない。原告は二〇〇二年十二月八日、控訴の手続きをとった。

証人として、伴奏を迫る職務命令の違法性を法廷で証言した西原博史さん（早稲田大学）は、このことについて「子どもに強制を及ぼすために、形式的な権限を有する人々が教師を道具として使い、その道具を動かすために職務命令を利用するなら、その命令は――たとえて言えば、『あの生徒を殴ってこい！』という命令同様――子どもの人権を侵害する行為を内容とするものであり、公共性と全体の奉仕者を義務づけられた教師としては従ってはならない」（『世界』二〇〇四年四月号、岩波書店）と述べている。

資料・判決要旨

裁判所の判断

1　争点(1)について

(1)職務命令違反（地方公務員法三二条違反）の有無

ア　職務命令の存否

畑石校長が原告に対して、平成十一年度入学式の国歌斉唱の際にピアノ伴奏を行うようにとの本件職務命令を発したことが認められる。

イ　職務命令の適法性

（ア）原告の職務に関する事項であるか否か

小学校教諭の職務は児童の教育を司ることであり（学校教育法二八条六項）、入学式等の行事も小学校における教育の一環として行われるものであるから、その行事を遂行するための行為を分担して行うことも小学校教諭の職務に関する事項である。

このことと、原告は小学校の音楽専科の教諭であって、その職務は児童の教育のうち主として音楽に関するものを司ることであることからすれば、入学式において「君が代」を含む児童の歌唱をピアノで伴奏することは、原告の職務に関する事項に含まれる。

（イ）憲法十九条違反の有無

a　原告の権利侵害の有無

原告は、（原告の主張）のとおりの思想・良心を有していることが認められるところ、畑石校長は、原告が思想・良心から、また音楽教諭としての立場からも、本件入学式において「君が代」の伴奏をすることはできないということを認識していたものである。

本件職務命令は、本件入学式において音楽専科の教諭である原告に「君が代」のピアノ伴奏を命じるというものであり、そのこと自体は原告に一定の外部的行為を命じるものであるから、原告の内心領域における精神的活動までも否定するものではない。もっとも人の内心領域における精神的活動は外部的行為と密接な関係を有するものといえるから、「君が代」を伴奏することができないという思想・良心を持つ原告に「君が代」のピアノ伴奏を命じることは、この原告の思想・良心に反する行為を行うことを強いるものとして、憲法十九条に違反するのではないかが問題となる。

原告のような地方公務員は、全体の奉仕者であって（憲法十五条二項）、公共の利益のために勤務し、かつ、職務の遂行に当たっては、全力を挙げて専念する義務があるのであり（地方公務員法三十条）思想・良心の自由も、公共の福祉の見地から、公務員の職務の公共性に由来する内在的制約を受けるものと解するのが相当である（憲法十二条、十三条）。

そして、学校教育法二〇条及び小学校学習指導要領は、「入学式・卒業式などにおいては、その意義を踏まえ、国歌を斉唱するよう指導するものとする。」、「⑴儀式的行事　学校生活に有意義な変化や折り目を付け、厳粛で清新な気分を味わい、新しい生活への展開への動機付けとなるような活動を行うこと。」としているところ、このように、入学式において国歌（「君が代」）斉唱の指導が求められていること、「君が代」斉唱の指導を円滑に行うためには斉唱の際にピアノ伴奏をすることが一定程度有効であることからすれば、畑石校長が音楽専科の教諭である原告に対し、「君が代」斉唱の際にピアノ伴奏を命じる内容の本件職務命令を発する必要性はあったということができる。

そして、音楽専科の教諭の職務が主として児童の音楽教育を司ることにあることからすれば、

「君が代」のピアノ伴奏をするのは、他教科の教諭よりも音楽専科の教諭の方が適当であるということができるし、〇〇小学校では本件入学式に至るまでの五年間入学式・卒業式において「君が代」斉唱の際に音楽専科の教諭によるピアノ伴奏が行われていたという経緯に照らせば、職務命令の発出に当たっては、校長にその裁量権があることをも考慮すると、本件職務命令のような内容の職務命令を発出することの音楽的意義や校長の教職員に対する指導方法としての当否については様々な意見があり得るとしても、発出された職務命令自体は、その目的、手段も、合理的な範囲内のものということができる。

畑石校長は、校務に関する職務遂行上の義務の履行を求めるため、原告に対し、ピアノ伴奏を命じる内容の本件職務命令を発出したのであるところ、上記のとおり、思想・良心の自由も、公務員の職務の公共性に由来する内在的制約を受けることからすれば、本件職務命令が、教育公務員である原告の思想・良心の自由を制約するものであっても、原告において受忍すべきもので、これが憲法十九条に違反するとまではいえない。

b　子ども及びその保護者の権利侵害の有無

仮に原告主張のように子どもに対し思想・良心の自由の実質的に保障する措置がとられないまま「君が代」斉唱を実施することが子どもの思想・良心の自由に対する侵害となるとしても、そのことは「君が代」斉唱実施そのものの問題である。校長が教諭に対して「君が代」のピアノ伴奏をするよう職務命令を発したからといって、それによって直ちに原告主張の子ども及びその保護者の思想・良心の自由が侵害されるとまではいえない。

（ウ）憲法一条違反の有無

天皇は日本及び日本国民統合の象徴であるから（憲法一条）、「君が代」の「君」が天皇を指すからといって、直ちにその歌詞が憲法一条を否定することには結び付かない。「君が代」のピアノ伴奏を命じた本件職務命令が憲法一条に違反するということはできない。

（エ）憲法九十九条違反の有無

本件職務命令は憲法に違反するものではないから、その発出が公務員の憲法尊重養護義務を定めた憲法九十九条に違反するとはいえない。

（オ）校長の管理権ないし校務掌理権の濫用の有無

職務命令は、職務上の上司が受命者の職務に関して発する命令であり、それが法律上または事実上の不能を命じるものでないときは有効であると解すべきであるから、これらを満たしている職務命令がなお命令権者の権限の逸脱ないし濫用にあたるというためには、当該職務命令が明らかに不当な目的に基づくものであるとか、内容が著しく不合理であるという場合に限定されるというべきである。

本件について見ると、これまで検討したところによれば、本件職務命令は、職務命令発出の要件を満たしているといえるし、かつ、他により望ましい選択肢があるかどうかはともかくとして、本件入学式における「君が代」のピアノ伴奏を命じた本件職務命令自体が、明らかに不当な目的に基づくものであるとか、内容が著しく不合理であるとまではいえないから、本件職務命令が校長の管理権ないし校務掌理権を濫用したとまではいえない。

ウ　小括

以上のとおり、適法に存在した本件職務命令を遵守しなかった原告の本件行為は地方公務員法三十二条に違反する。

⑵信用失墜行為（地方公務員法三十三条違反）の有無

原告のした本件行為は、小学校の入学式という児童、保護者、来賓等が多く出席している行事の場において、職務命令に違反し、その進行上予定されていた「君が代」のピアノ伴奏を行わなかったというものであるから、教育公務員の職に対する信用を傷つける行為にあたり、地方公務員法三十三条に違反する。

⑶結論

したがって、原告のした本件行為は、地方公務員法三十二条、三十三条に違反するものであり、少なくとも同法二十九条一号、二号に該当する。

控訴審は二〇〇四年四月二十一日、本人の意見陳述を行っただけで、七月七日、原審を相当として控訴棄却する判決を出した。

〝所見欄非開示〟最高裁判決——指導要録開示請求裁判の意味するもの

教育基本法の前文には「われらは、個人の尊厳を重んじ、真理と平和を希求する人間の育成を期する」とある。

この裁判は、最高裁判所が初めて指導要録（児童・生徒の学籍、指導の過程及び結果の要約を記録し、指導及び外部に対する証明のための原簿としての性格をもち、学校教育法施行規則で学校に備えなければならない表簿とされている。保存期間は学籍の部分は二〇年、他は五年）の開示について判断を示すという意味で重要なものであったが、同時に障害をもつ原告・渡辺恵実さんの個人の尊厳の回復を求める裁判でもあった。

知的障害をもつ渡辺恵実さん（一九七九年生まれ）は生来とても元気な娘さん。小学校も中学校も当たり前のこととして地域の普通学級で過ごした。

しかし、その九年間は恵実さんにとって必ずしも快適な日々ばかりではなかった。特に中学校生活は厳しかった。遠足に連れていかなかったり、生理時に介助せず放置したり、給食をひとりだけ離して食べさせたりと、校長を先頭に不当な扱いが続いた。校長による殴打事件や侮蔑的発言もあった。その中で、その原因の一つに小学校からの申し送り、特に指導要録の記述によるらしいことがわかった。もう中学校生活は残すところ一年という時ではあったが、意を決して親権者である両親は、一九九四年三月十七日、大田区教育委員会に対して開示請求を行った。非開示であったので不服審査請求を行ったが却下された。自分の情報を知る、そんな当たり前の権利を認めようとしない教育委員会の対応に激しい怒りを覚え、東京地裁に提訴した。私も証人として開示の必要を訴えた。

二年を経て、九七年一月十七日に出た判決は、「学習の記録のみの開示を認める」という不充分なものであった。学習の評価などほぼ見当がついている。知りたいのは所見欄である。所見欄非開示の理由を、

「開示を予期せず、児童のプラス面、マイナス面を問わず、ありのまま記載されている。したがってこれを開示すると、次のような弊害がある。①場合によっては、児童が自尊心を傷つけられ、意欲や向上心を失い、あるいは教師や学校に対する不信感を抱いて、その後の指導に支障をきたす可能性がある。②保護者又は児童本人が、指導要録の評価等に対して反発や誤解をしたり、あるいは感情的になって、教師や学校との信頼関係を損う場合がある。③こうした誤解や感情的反発により、場合によっては教師に対する逆恨みを抱いたりすることもある」

「教師がそのような弊害を慮って児童の指導上の課題をありのままに記載しなくなり、あるいは、あえて特記事項や標準検査の結果ないし評価を記載しないようになって、指導要録の内容が形骸化、空洞化し、児童の指導教育のための信頼できる資料とならなくなり、教育行政事務の運営に

重大な支障をきたすおそれがある」

等とのべている。

信頼関係を損うと言うが、信頼関係が得られないから開示請求したのである。子どもに対する教師としての判断は、教師間で伝え合うよりまず本人や親と共有すべきである。たとえマイナスの評価であっても、客観的で誠意のあるものであれば信頼関係を損うことにはならない。

この時点ですでに指導要録を全面的に開示している自治体は珍しくなかった。それらの自治体の個人情報保護審査会は開示を渋る教育委員会に、

「指導要録の全面開示に伴って発生するであろう教師と本人や親との間の緊張関係を、安易に『混乱』や『亀裂』ととらえてはいけない。本人や親からの異議や申し入れについては合理的なものは受け入れ、不合理なものは拒否することが教育責任というものである。評価につき、たとえそれがマイナス評価であっても本人に開示し、人格的なふれあいのなかから教師への信頼を築いていくべきである。」（那覇市個人情報保護審査会）

「最終的な教育評価は教師によってなされる行為ではあるが、教師の評価は、それが専門家の立場からの評価であってもあくまで個人的な主観であって、これが相互の主観の間で琢磨されるこ

とによって、客観に近づくことができる。とくに主観が入りやすい『行動および性格の記録』や『総合所見』等は、秘匿されないことによって事実の誤りや評価の偏りを防ぐことができるであろう。教師の評価も絶対でなく、時として誤りうるとして、評価に際して児童・生徒や親の意見を聞くという姿勢の方が、より公正さを担保しうるものであり、なにより相互の信頼関係の上に成り立っている教育課程にふさわしい」（箕面市個人情報保護審査会）

「教師が開示を前提にすることで直にその指導要録への記載につき毅然たり得なくなるというおそれは、主張された限りにおいては本件実施機関の主観にとどまるものであって、その現実的な危険を客観的に認識するに足る根拠は充分明らかにされていない」（吹田市、福岡県、那覇市個人情報保護審査会）

等々述べて開示を促している。その論旨は開示を拒む教育委員会や学校よりはるかに教育的である。従ってそれら開示された地域では信頼関係を損うような事態が起こっていないばかりか、新たな信頼関係が生まれているということも肯ける。

にもかかわらず、東京地裁は「学習の記録」のみという一部開示であった。肝心の所見欄が開示されなければ提訴した意味がない。それに一部開示でさえ不当として全面非開示を求めて大田区教育委員会が控訴したのだから、放置しておくわけにいかず、もう恵実さんは中学も卒業し、一年浪人して定時制高校に通っていたが控訴した。

一年経って出た東京高裁の判決は、さらに後退して全面非開示であった。このころ、裁判に要する歳月の長さだけでなく、司法にかかわる人々の人格を疑うような事件があったりして、両親は司法への不信感を持ち始めていたが、このまま済ますわけにはいかず上告を決意した。

最高裁になると支援のできることは多くない。それでも受理された第三小法廷に向けて、開示こそが、国民の教育への信頼を回復するものだと訴え続けた。各地からの応援も得て手紙もたくさん送った。そしてようやく二〇〇三年十月十四日、口頭弁論にこぎつけた。すでに前年には、大阪高裁等で開示判決が出ていた。四人の代理人が、「自己情報をコントロールする権利」は「個人の尊厳と幸福追求権を定める憲法十三条に保障された権利であること」「全国的に開示の傾向にあること」「指導要録開示弊害論の虚構性について」「指導要録開示弊害論の不合理性について」述べ、最後に両親の「わが子がどのような関わりの中で、どのように教育されてきたか知りたい」という願いが叶えられるような判決を期待すると述べた。

最高裁で弁論が開かれる場合、多くは二審判決が覆る。判例として、全国の子どもたちにかかわる問題でもある。全面開示を期待して判決を待ったが、二〇〇三年十一月十一日の判決は〝逆恨み〟などという品位のない言葉は避けられているが、一審と全く同じ「学習の記録」のみの一部開示であった。恐らくこの判決には文科省の意向も多分に反映されていると思う。文科省は一貫して非開示の立場をとっているが、その理由は、なるべく長所を書くようにと付け加えながらも、大田区教育委員会の言い分や判決文とほとんど同じで　1信頼関係が損われる、2マイナス評価に本人・保護者が反発する、3指導要録が空洞化・形骸化する、である。1、2については、先の各地の個人情報保護審査会等の答申等で根拠がないことは明らかであるので、残るのは3、である。

たしかに最近、教員がマイナス面の記述をすることが少なくなってきている。だからといってそれが空洞化、形骸化と言うべきだろうか。むしろ開示に堪えないマイナス面を書いていたことが問題である。私自身、現役教員時代、前担任が書いた「兄は……であるので多分この子も……するだろう」「いまはどうにかついていっているが学年が進めばついていけなくなり……に走りかねない」などという予断と偏見に満ちた所見を見たことがある。少くとも各地で開示が続くなか、このような主観的な記述がしにくくなったことは喜ぶべきことである。

私自身、子どもの低位性のことを伝えるのは、確実に誠意をもってそこにつきあってくれると思う人に限ることを信条にしてきた。

判決は、そのようなことを指導要録が形骸化するといい、通信簿では褒め励ましても、指導要録にはマイナス評価もきちんと書けという。それは一見教員の評価権を認めているようにみえるが、そうではない。教員を子どもの側に立たせず、子どもの管理者として管理しようとするものである。さらに付け加えれば、文科省や教育委員会が開示を恐れるのは秘匿することによって保たれる権威のためであろうか。

新学習指導要領一部改訂から常時見直しへ——能力別学習をよりやりやすく

「ゆとり」と「生きる力」を掲げて二〇〇二年度から本格実施された新学習指導要領は、「学力低下不安」に応える形で、僅か二年でほとんどゆとり的に機能することなく「学力重視」型に改訂され（二〇〇三年十二月二十六日告示）、二〇〇四年度から実施されている。

改訂内容は、要約すれば

1、指導要領は最低基準であるから指導要領を超えて教えてよい。

2、総合学習は、目標・内容を定め、教科との関連を図り、計画を立てて実施する。

3、習熟度別学習、補充指導、発展学習など個に応じた指導を充実させる。

である。これを産経新聞は「ゆとり教育を進めてきた国が事実上白旗を掲げた」とあたかも文科省が路線変更したかのように評したが、そうではない。もともと「ゆとり」は能力別指導のためのものであった。総体として教育内容や授業時数を減らすのは、遅れた子の指導に要するエネルギーを進んだ子の発展的学習の幅を広げることに向けようというものであった。改訂の最大の特徴は、もちろん指導要領を超えてよいことの強調である。

「生きる力」などという具体性のない言葉を掲げたので、指導要領の性格がわかりにくい上、学校五日制にともない学習内容が三割削減されるというので、学力低下を招くのではないかという声が湧きあがった。「円周率を3で教える」などという風評も立った。文科省は、これに対して、しばしば説明に努め、事務次官が「ゆとり」が「ゆるみ」にならないようにと警告したり、二〇〇二年一月には文科相がアピール「学びのすすめ」を発表して、新指導要領がめざしているのは、基礎・基本の徹底、考える力の育成、発展的学習の実施等による「確かな学力」の育成であることを示してきたが、なかなか納得が得られなかった。

今回の改訂は、それを指導要領上に明確に示して徹底を図ろうというものであった。個に応じ、理解の進んだ子に発展的学習をさせることによって学力向上を図ろうというものである。

「個に応じる」とは決して共に学ぶことではない。個に応じて分断することである。現場ではすでに習熟度別学習が導入されている。しかし、競わせ能力に応じて分けることには、まだ良心的な教員たちのためらいがある。この改訂は管理的に子どもに立ち向かうべき教員のそのためらいを払拭することがねらいであろう。

この改訂で授業時数の見直しまで踏み込まなかったことで依然として不満は残っているが、一応ゆとり教育批判は終息した。それは学力向上が本命であることを確認したことでもある。

各自治体では、学力向上をめざして授業時数の確保に懸命である。ちょっと新聞等で見聞きしただけでも、二学期制や通年制の他、東京都文京区では構造改革特区を利用して土曜も授業をする構想を立てている。小学校卒業生の四七%が私立中学に進学する。その多くが週六日制である。それに対抗するためという。世田谷区では中学校の授業単位時間を五〇分から五二分にするという。たとえ二分でも、年間にすると三二時間上乗せできる。葛飾区では五日制で減った授業時数を確保するため、夏休みを一〇日間短縮する。埼玉県は県立学校の規則を変え、土曜の補習を正規の勤務と見なす措置をとる。東京都は都立高校の授業時数確保のため、夏休みの決定を校長に委ねる制度を導入。和歌山県では夏季休業中の補習授業のために、五年間で県立学校の普通教室に冷房装置を導入する。京都市は学習意欲の向上のため、体験学習をさせる土曜塾を開校する等々、地方主導で競い合っている。

中教審教育課程部会は二〇〇四年三月十一日、外国語、国語、算数・数学、理科の各専門部会の設置を決めた。小学校の英語の教科化の是非や国語の充実を含め、初等中等教育全体を通して教育の在り方、教員の資質向上、指導方法・体制の工夫などについて検討し、二〇〇五年三月までに基本的な方針をまとめるという。教育課程企画特別部会も設置された。これは学習指導要領全体の在り方のほか、教科の横断的な内容や校種をまたがる事項について審議する。

これまで文科省は、ほぼ十年ごとに学習指導要領を改訂してきた。その都度教育課程審議会を設置し、文科相の諮問を受け、審議のまとめを答申し、学習指導要領が編成、告示され、教科書が編集され、検定・採択と順に経て実施に到っていた。二〇〇二年度から本格実施された新指導要領の場合、中教審の答申を受けて教課審に諮問されたのが一九九六年八月であった。五年余の歳月を費しているが、その間審議の模様や答申が示されるため、意見を述べたり広く世論に訴えたり、地方議会で問題にすることもできた。ところが文科省は、変化の激しい時代に一〇年に一度の改訂では社会の動向に追いつけないとして、「教育課程は常時見直す」ことにした。二〇〇四年四月から実施される新指導要領の一部改訂もその一環である。

今回設置された新部会では、外国語専門部会では小学校での英語活動の在り方が大きな課題で、現在、総合的な学習や政府の構造改革特区の指定を受けて行われている英語活動や、研究開発学校で実施されている「英語科」について検証し、海外の状況も考えて教科化の可能性を探る。国語専門部会では、文化審議会の国語の時間数増加の要求（二〇〇四年二月）や、小学校六年までに常用漢字の大半が読めるようにという答申を受けて充実策を検討する。算数・数学専門部会、理科専門部会では、国立教育政策研究所が二〇〇四年一月公表した学力テストの結果を受けて改善に向けた審議を行う、という。

いずれも「学力向上」を至上命題に教科の充実、時間数の確保を訴えるのだから、必然的に習熟度別学習は広がり、能力主義に拍車がかかることは間違いない。

しかも市場原理を導入し、手続きを省略して常時見直すという。もちろん一〇年にこだわることはないが、教育は最も長期計画の必要なものである。それも学習指導要領が一九五八年以前のように参考にすればよかった試案の時期ならともかく、官報に告示して「法的拘束力がある」（もちろん、これには異論があるが）として現場を規制するのだから、見直し、編成は批判に対応するだけでなく慎重が上にも慎重でなければならない。

四　新しい能力主義を支える特別支援教育

消えたインクルージョン

二〇〇一年一月、省庁再編で文部省が科学技術庁を統合して文部科学省（略称、文科省）になったと同時に、特殊教育課は特別支援教育課になり、特殊教育は特別支援教育になった。

二〇〇一年一月十五日、「二十一世紀の特殊教育の在り方に関する調査研究協力者会議」（座長・河合隼雄）は「二十一世紀の特殊教育の在り方について（最終報告）」を発表した。二〇〇〇年五月十二日に設置された協力者会議が審議を進めてきたものである。

文部省の一九九九年九月段階の「二〇〇〇年度予算・概算要求」の解説には、

1．趣旨

近年、児童生徒の障害の重度・重複化、多様化傾向の拡大、より軽度の障害のある児童生徒への対応や早期からの教育的対応に対するニーズの高まり、高等部への進学率の上昇、卒業後の進路の多様化などが進んでいる。また、欧米ではノーマライゼーションの進展から、障害のある子どもと障害のない子どもを可能な限り通常の学級で一緒に教育するインクルージョンの原則が主流になっている。さらに、平成十年の中教審答申「今後の地方教育行政の在り方について」の数々の提言をふまえ、国から都道府県等にたいする指導助言の在り方の見直し等が行われたところである。

このように、近年、特殊教育をめぐる状況が大きく変化してきており、これらの状況を踏まえて、就学指導の見直しや盲・聾・養護学校の在り方等、今後の特殊教育の在り方についての検討が必要である。

このため、特殊教育の現状に関する国内外の調査等を行うと同時に、二十一世紀における我が国の特殊教育の在り方について幅広く検討を進め、今後の施策の企画立案に資することとする。

2．内容

(1)　特殊教育の現状の調査

(2)　調査研究協力者会議の設置　一〇回

(3)　二十一世紀の特殊教育ビジョンの広報・普及事業

(4)　主な研究内容

①我が国の特殊教育の現状と課題

②国際的な特殊教育の動向

③盲・聾・養護学校の今後の在り方
④小・中学校等における特別な教育ニーズを有する児童生徒への対応
⑤特殊教育における教育課程の今後の改善の方向
⑥地方分権の推進等の観点からの就学指導の在り方の見直し

現時点（九月）では、概算要求の段階なので確定されたものではないが、予算額の変動はあったとしても、この事業そのものは確実に実施されるものと思われる。

とあったため、ようやく日本の特殊教育が見直されるかもしれないという期待も持たれたが、裁定の時点では、つぎ（資料参照）のようになり、「インクルージョン」は消えてしまった。

資料　二十一世紀の特殊教育の在り方に関する調査研究について

平成十二年五月十二日
文部事務次官裁定

1　趣　旨

我が国では、障害者の自立と社会参加の一層の促進を図るため、平成五年十二月に障害者基本法が制定され、教育、福祉、労働など各分野にわたって、中長期的な観点から、ノーマライゼーションの理念を実現するための取り組みが進められている。また、特殊教育においては、近年、児童生徒の障害の重度・重複化や多様化、より軽度の障害のある児童生徒への対応や早期からの教育的対応に関するニーズの高まり、高等部への進学率の上昇、卒業後の進路の多様化などが進んでいる。

こうした特殊教育を取り巻く最近の動向を踏まえ、二十一世紀の特殊教育の在り方について幅広く調査研究を行う。

2　調査研究事項

(1)我が国の特殊教育の今後の基本的な方向について

(2)就学指導の在り方の改善について

(3)これからの特別支援教育の在り方について

(4)特殊教育の改善・充実のための条件整備について

(5)その他

3　実施方法

学識経験者、特殊教育関係者、地方教育行政関係者等の協力を得て実施する。

4　実施期間

平成十二年五月十二日から平成十三年三月三十一日までとする。

5　その他

この調査研究に関する庶務は初等中等教育局特殊教育課において処理する。

二十一世紀の特殊教育の在り方に関する調査研究協力者（五十音順、敬称略）

安彦　忠彦　名古屋大学教授
安彦　ひさ子　全日本手をつなぐ育成会理事長
飯田　雅子　㈶鉄道弘済会弘済学園長
池田　由紀江　筑波大学教授
岩上　進　与野市教育委員会教育長
上野　一彦　東京学芸大学教授
江草　安彦　川崎医療福祉大学学長、日本自閉症協会会長
大南　英明　帝京大学教授
座長　河合　隼雄　国際日本文化研究センター所長
小森　良治　神奈川県教育委員会教育長
瀬尾　政雄　筑波大学名誉教授
髙　為重　国立特殊教育総合研究所長
髙木　清文　青梅市立青梅第一中学校長
中野　善達　佐野国際情報短期大学教授

西嶋　美那子　日本経営者団体連盟労務法制部次長
野崎　弘　公立学校共済組合理事長
細村　迪夫　群馬大学名誉教授
三浦　和　全国特殊教育推進連盟理事長
三上　裕三　豊島区立時習小学校長
宮崎　英憲　東京都立青鳥養護学校長
村田　幸子　日本放送協会解説委員
森　隆夫　お茶の水女子大学名誉教授

さらに審議の都度後退を重ね、最終報告は国際的な動向も一応視野に入れる姿勢をみせ、ノーマライゼーションの理念の実現をめざすと言いながら、実際にはこれまでの特殊教育の土台の上に、より分離を明確にするものでしかない。協力者会議は時期的に教育改革国民会議と並行して行われているので、影響も多分に受けていると思われる。

資料　二十一世紀の特殊教育の在り方について（最終報告）概要

第一章　今後の特殊教育の在り方についての基本的な考え方

1　我が国の特殊教育の発展（略）

2　今後の特殊教育の在り方についての基本的な考え方

○近年の特殊教育をめぐる状況の変化を踏まえ、これからの特殊教育は、障害のある幼児児童生徒の視点に立って一人一人のニーズを把握し、必要な支援を行うという考えに基づいて対応を図ることが必要。

○今後の特殊教育の在り方についての基本的な考え方は次のとおり。

①ノーマライゼーションの進展に向け、障害のある児童生徒の自立と社会参加を社会全体として、生涯にわたって支援することが必要、

②教育、福祉、医療等が一体となって乳幼児期から学校卒業後まで障害のある子ども及びその保護者等に対する相談及び支援を行う体制を整備することが必要、

③障害の重度・重複化や多様化を踏まえ、盲・聾・養護学校等における教育を充実するとともに、通常の学級の特別な教育的支援を必要とする児童生徒に積極的に対応することが必要、

④児童生徒の特別な教育的ニーズを把握し、必要な教育的支援を行うため、就学指導の在り方を改善することが必要、

⑤学校や地域における魅力と特色ある教育活動等を促進するため、特殊教育に関する制度を見直し、市町村や学校に対する支援を充実することが必要。

第二章　就学指導の在り方の改善について

1　乳幼児期から学校卒業後まで一貫した相談支援体制の整備について

○市町村教育委員会は、教育、福祉、医療等が一体となって障害のある子ども及びその保護者等に対して相談や支援を行う体制を整備すること。

○国は、各地域において教育、福祉、医療等が一体となった相談支援体制が整備されるようその体制の下で組織される特別な相談支援チームの機能や構成員等について検討すること。

○都道府県教育委員会においては、福祉、医療等の関係部局との連携を図り、域内の市町村において相談支援体制が整備されるよう努めること。

2　障害の程度に関する基準及び就学手続きの見直しについて

○医学、科学技術等の進歩を踏まえ、教育的、心理学的、医学的な観点から盲・聾・養護学校に就学すべき障害の程度を定めた基準を見直すこと。また、市町村教育委員会が児童生徒の障害の種類、程度、小・中学校の施設・設備の状況等を総合的な観点から判断し、小・中学校において適切に教育を行うことができる合理的な理由がある特別な場合には、盲・聾・養護学校に就学すべき児童生徒であっても小・中学校に就学させることができるよう就学手続きを見直すこと。

○特殊学級や通常の学級において留意して教育すべき児童生徒の対象範囲等を明確にすること。

3　就学指導委員会の役割の充実について

○就学指導委員会の位置付けを明確にすること。

○市町村教育委員会に置かれる就学指導委員会は、審議に当たり保護者が意見表明する機会を設けるとともに、特殊学級、通級による指導等の教育的支援の内容等について校長に助言をする等の機能の充実を図ること。
○市町村教育委員会の判断と保護者等との意見がくい違う場合、都道府県教育委員会に置かれる就学指導委員会が客観的な立場から専門的な助言を行う等の機能を果たすことを検討すること。

第三章　特別な教育的支援を必要とする児童生徒への対応について

1　障害の状態等に応じた指導の充実方策

1－1　障害の重度・重複化や社会の変化に対応した指導の充実

○盲・聾・養護学校は、個別の指導計画、自立活動、総合的な学習の時間の実施、地域における体験活動、交流活動の充実などについて、地域や児童生徒の実態に応じた創意工夫した取組に努めること。
○養護学校に在籍する日常的に医療的ケアが必要な児童生徒等への対応については、医療機関と連携した医療的バックアップ体制の在り方等について検討を行い、その成果を踏まえ指導の充実を図ること。

1－2　学習障害児、注意欠陥／多動性障害（ADHD）児、高機能自閉児等への教育的対応

○通常の学級に在籍する学習障害児、ADHD児、高機能自閉症児等の実態を把握するため、全国的な調査を行い、その成果を踏まえ、教育関係者や国民一般に対し理解啓発に努めること。

○ＡＤＨＤ児や高機能自閉症児等への教育的対応については、国立特殊教育総合研究所の研究成果等を踏まえ、調査研究を行い、判断基準、効果的な指導方法等について検討すること。

１－３　最新の情報技術（ＩＴ）を活用した指導の充実

○障害の状態等に応じた情報機器等の研究開発を行うとともに、情報技術を活用した指導方法や体制の在り方について検討を行うこと。

○訪問教育を受けている児童生徒や入院中の児童生徒への情報通信手段による指導を積極的に推進すること。

２　特殊教育諸学校、特殊学級及び通級による指導の今後の在り方について

２－１　地域の特殊教育のセンターとしての特殊教育諸学校の機能の充実

○盲・聾・養護学校は、①早期からの教育相談を実施したり、②地域の小・中学校へ教材・教具等を貸し出したり、小・中学校等の教員からの相談を受けたり、盲・聾・養護学校における小・中学校等の教員の研修を実施するなど、地域の特殊教育のセンターとしての役割を果たすこと。

２－２　特殊学級、通級による指導の今後の在り方について

○特殊学級や通級による指導における教育は学校の教職員全体で支援するとともに、非常勤講師や特別非常勤講師、高齢者再任用制度による短時間勤務職員等の活用について検討すること。

３　後期中等教育機関への受入れの促進と障害のある者の生涯学習の支援について

○各都道府県においては、高等部の整備及び配置、高等養護学校の設置促進等について検討を行

い、地域の実態に応じた整備に努めること。
○教育委員会は、福祉関係機関等と連携して障害者の生涯にわたる学習機会の充実に努め、盲・聾・養護学校は、障害者のための生涯学習を支援する機関としての役割を果たすこと。

第四章　特殊教育の改善・充実のための条件整備について

1　盲・聾・養護学校や特殊学級等における学級編制及び教職員配置について

○都道府県教育委員会においては、地域や学校の状況、児童生徒の実態に応じて、機動的、弾力的に教職員配置を行うこと。
○盲・聾・養護学校は、学級という概念にとらわれず、多様な学習指導の場を設定するなど指導形態、指導方法を工夫すること。また、非常勤講師や高齢者再任用制度等の活用や、地域の多様な人材を特別非常勤講師として活用することにより、幅広い指導スタッフを整備すること。

2　特殊教育関係教職員の専門性の向上

2－1　特殊教育教諭免許状の保有率の向上及び今後の免許状の在り方について

○各都道府県等は、すべての盲・聾・養護学校の教員が特殊教育教諭免許状を保有することを目指し、具体的な改善の目標及び計画を策定し、採用、配置、研修等を通じた取組を進めること。
○国は、各都道府県における特殊教育教諭免許状保有率の状況を踏まえ、全国的に必要となる保有者数を把握するとともに、各都道府県教育委員会等の免許状保有率の向上のための目標と計画及び改善状況等を調査しその取組を支援すること。

2－2　研修の充実

○盲・聾・養護学校の教員の専門的な指導力の向上のため、研修目的や研修者の特性に応じて適切な研修プログラムを策定するとともに、研修事業の成果の効果的な普及活用を努めること。

○都道府県教育委員会等は、特殊学級等の経験年数やニーズに応じて計画的、体系的な研修プログラムの提供に努めること。

3　特殊教育を推進するための条件整備について

○教育委員会においては、施設のバリアフリー化、障害の状態や特性等に応じた学習環境の充実、寄宿舎の居住環境の向上等を踏まえ、学校施設の整備充実に努めること。

○特殊教育に係る設備については、新学習指導要領における改善内容に対応した教材の整備を図ること。

○盲・聾・養護学校に情報ネットワーク環境や一人一人の障害に対応した最新の情報機器等の設備を計画的に整備すること。

4　国立特殊教育総合研究所の機能の充実

○国立特殊教育総合研究所は、我が国の特殊教育のナショナルセンターとしての機能を高めるため、①国の行政施策の企画立案に寄与する研究　②新たな課題に対応した研修　③全国的な教育相談情報のネットワークの整備　④衛星通信ネットワークの整備など情報発信機能の充実　⑤諸外国の研究機関等との連携、協力、交流の充実等に努めること。

これを受けて文部省は、具体的に施策化する作業を進め、二〇〇二年四月十四日、学校教育法施行令の一部を改訂した。その過程で特別支援教育課の「取扱注意」とした内部文書が出まわった。内容が全く統合への方向を示していない上、その中に、

「(参考　具体的な事例についての国の見解)
○車いすの子どもをバリアフリーの整備された学校に受け入れ　適当
○中度の知的障害の子どもを小学校に受け入れ　不適当だが違法ではない
○介助員を配置して肢体不自由の子どもを受け入れ　不適当だが違法ではない
○日常的に医療的ケアが必要な子どもの受け入れ　違法
○行動障害で対人関係形成上問題のある子どもの受け入れ　違法
(参考　介助員等の人的な整備を条件としない理由)
・介助が必要な障害の程度はかなり重く、盲・聾・養護学校と小中学校の位置づけがあいまいになる。
・国が介助員の配置を公に認めた場合、保護者等の要望から実際は全国各地で受け入れざるを得なくなる(市町村として拒否する根拠がなくなる。)

・全国の市町村が介助員を配置するとなるとその負担が増大する。また、地方から国の財政的な支援を求める声が高まるが、国として支援することは困難」

という部分があったので、普通学級に通っている障害児やその保護者、障害者団体や支援する仲間は憤った。例えば人工呼吸器をつけた長男（涼さん）を普通学校に通わせている折田みどりさんは「違法な子どもを産んだ覚えはない」と叫んだ。埼玉の仲間は「われら違法人」とひらきなおり、議員会館でロビー活動をしたり、永田町一帯でデモったり、文科省に抗議したりした。各地で抗議の集会が持たれ、反対署名は一六万筆に及んだ。

結果として、施行令改訂問題であるにもかかわらず国会を動かし、最悪の事態は避けられたが、学校教育法施行令二十二条の三の性格を「盲・聾・養護学校該当基準」から「盲・聾・養護学校に就学すべき基準」にするとともに、基準を拡大して、盲・聾・養護学校に入りやすくしたほか、基準に該当しながら通常の学校に入れるのは「小・中学校において適切な教育を受けることができる特別な事情がある」と教育委員会が認める「認定就学者」に限ることにした。また専門家の意見の聴取を義務づけ、事実上就学指導委員会の設置・充実を示した。

この改訂をマスコミはこぞって通常学校への門戸が拡大したと報じた。法的には若干の拡大と言えなくもないが、現に各地で障害の種類や程度にかかわりなく、本人・保護者の意思で通常の学校に入っているのだから、実態からみれば後退と言わなければならない。事実、地域により格差はあるが、盲・聾・養護学校や特殊学級への奨めは急速に増えている。

通常の学校への門戸を拡大するため、分離の基準である学校教育法施行令二十二条の三を、〝教育における欠格条項〟として廃止すべきという取り組みもあるが、施行令二十二条の三は、盲・聾・養護学校を規定した学校教育法七十一条の二で政令に委任された基準であるから、七十一条が存在する以上必要で、独自に存廃を考えることはむずかしい。学校教育法七十一条〜七十五条は、教育基本法第三条の「能力に応ずる」によって導かれているものであるから、やはり教育基本法改正を見据えるところから始めなければならない。

これに先立ち、文科省は二〇〇二年三月二十九日、学校保健法施行規則の一部を改訂し、就学時健康診断の知能について「標準化された知能検査法により知的障害の発見に努める」を「適切な検査によって知的障害の発見に努める」に改めた。

これについては、各教委の裁量の幅が広まったようにもみえるし、就学時健康診断に反対してきたグループによっては運動の成果だと思った向きもあるようだが、そうではない。いかなる方法を使っても「知的障害の発見に努める」ことに変わりはない。検査の方法の研究・開発も進んでいる。これまでの標準化された知能検査法に馴染みにくい軽度障害と言われる子どもたちも含め、より適切なという意味で網が広がったと言うべきであろう。国民会議の言う「問題を起こす子」の仕分けでもあろう。

この時点で、建前として普通学級には「認定就学者」以外、いままでの言い方の障害児はいないことになる。

そこへ、二〇〇一年十月九日に設置され審議を進めていた「特別支援教育の在り方に関する調査研究協力者会議」が「今後の特別支援教育の在り方について（最終報告）」を発表した。中教審の教育基本法改訂をめざす「新しい時代にふさわしい教育基本法と教育振興計画の在り方について（最終報告）」の発表に遅れること八日、二〇〇三年三月二十八日であった。

文科省はこれを受けて、当初は二〇〇四年度中に関係法の改正等を行い、二〇〇五年度から施行したいと言っていたが、実際にはかなり遅れていて、二〇〇四年二月にようやく中教審に諮問した。中教審は初等中等教育分科会に特別委員会を設置し、年内に答申をまとめ、順調にいけば二〇〇五年の通常国会で法改正したいというので、二〇〇六年から実施ということになりそうであるが、当面やれるところから進めるつもりのようである。

問題だらけの「今後の特別支援教育の在り方について（最終報告）」

背後に教育改革国民会議の提言を感じる最終報告で、多くの問題がある。

まず、答申自身が認めていることであるが、本来、法的整備を経なければ実現し得ないことが議論を尽くさないまま現場に浸透しつつあることである。できるところからといって制度化されないままモデル事業として予算がつき、試行が進んでいる（ガイドラインの資料参照）。

同時に、これは決定的な欠陥であるが、報告が、いままで地域の学校で障害をもつ子がもたない子と共に学んできた実践を全く無視して分離・別学体制を維持しようとしていることである。もし地域の学校で共に学ぶことでうまくいかないことがあれば、なぜかを検証するところから始めるべきである。（報告の第一章「特殊教育から特別支援教育へ」では特殊教育の果たしてきた役割として分離教育の整備により就学猶予・免除が全学齢児童生徒数の〇・〇〇一％に減ったと評価している。）にもかかわらず、「従来は場によって分離していたが、これから教育ニーズに基づく教育をする」としながら「場の分離を強制しない」とは書かれていない。場の分離が差別であることを認識した上で、すなわち統合した上で、それぞれの教育ニーズを保障することにならなければならない。そうでなければ教育ニーズによって分離することになるので、私としてはこの報告に与するつもりはない。

しかし、いずれ法制化はされるし、地方分権と言いながら地方自治体もこの方向で（あるいは先取りして）具体化するだろうから、どう受けとめ、どう歯止めをかけていくべきか、若干意見を述べる。

①教育的ニーズ

インクルーシヴ教育宣言とも言われるサラマンカ宣言（一九九四年）は、「特別な教育ニーズを有する人々は、そのニーズに見合った教育を行えるような子ども中心の普通学校にアクセスしなければならない」としている。これは、ただ統合されるだけでなく、統合される社会（学校やクラス）が障害児の障害の故のニーズを受けとめ、充たすよう変化しなければほんとうの統合にはならないということである。ところがこの答申は、全くこの視点を持っていないのだから、個別ニーズの保障即分離になりかねない。それに、そもそもニーズは本人のものであるはずだが、ここでは教育者によって把握されるものとされている。教育者によって把握されたニーズは教育者の教育ニーズであっても本人のものではない。

②特別支援教育

「特別支援教育とは、従来の特殊教育の対象の障害だけでなく、ＬＤ、ＡＤＨＤ、高機能自閉症を含めて障害のある児童生徒の自立や社会参加に向けて、その一人一人の教育的ニーズを把握して、その持てる力を高め、生活や学習上の困難を改善又は克服するために、適切な教育や指導を通じて必要な支援を行うものである。」と報告書は特別支援教育を定義している。障害の概念を広くすることは、特別支援教育を、差別を禁止し、権利法的に位置づけるのであれば歓迎すべきであるが（ＬＤ等の親の会等の要求はこの観点からであった）、ＬＤ、ＡＤＨＤ等については、「定義と判断基準」が難しく、問題行動のある子や、学級に納まりにくい子が安易に認定され、特別支援の名で取り出されたり分けられたりする恐れがある。従来特殊教育の対象ではなく、分離の対象でなかった者が分けられるのだから後退と言わなければならない。

また、障害児に限って教育の目標に「自立」と「社会参加」が挙げられていることも問題である。教育の目標は「人格の完成」と教育基本法に明記されているにもかかわらず、障害者固有の教育目的として「自立」「社会参加」が加えられている。ほんとうに実現するなら喜ばしいことであろうが、「自立」も「社会参加」も障害者に対する教育によって実現するものではなく、受け入れる社会が現出してこそ可能なものである。社会の変革なしに障害児の教育の目的にすることは、「障害があるのだからガンバレ」と過重な負担を課すことにほかならない。すなわち現行の特殊教育の目的である「欠陥を補う」と同義である。

③個別の教育支援計画、個別の移行支援計画

報告はこれらの計画の必要性について「教育・福祉・医療・労働等が一体となって乳幼児期から学校卒業後まで障害のある子どもと保護者に対する支援体制の整備」であり、「多様なニーズに対応する仕組み」という。ここでは「指導」計画でなく「支援」計画になっていることを考えなければならない。「指導」であれば主体は指導する側、教育者の立場であるが、「支援」と言えば主体は学ぶ側の子ども本人で、その「ニーズ」があって初めて成り立つものである。報告では、計画の策定や決定の過程に本人または代弁者である保護者のニーズが位置づけられていない。本人・保護者の意思が反映されない「個別の支援計画」「個別の移行計画」は、一生にわたる障害者管理計画になってしまうのではないか。

④特別支援学校（総合養護学校とセンター的機能）

「小・中学校に対しても教育的な支援を積極的に行う機能を併せもつ学校へ転換し、地域の特別支援教育のセンターとしての役割を果たす。各自治体の判断で地域の実情に応じて障害の枠にとらわれない学校を弾力的に設置できるようにする」と言うが、センター的機能については、地域の学校で共に学ぶことを前提に、むしろ地域の通常の学校こそが、共に学んできた実践をもとにセンター的役割を果たすべきである。総合養護学校については、すでに先行的に試行しているところがあるが、現行の別学体制の上ではなく、まず不本意ながら養護学校に就学した者や希望して入ったものの現在は地域の学校を希望する者の転校を保障することから始めなければならない。

⑤特別支援教室

「通常の学級に在籍し、必要に応じて特別支援教室で指導を受ける。指導は週に数時間、週の相当時間、低学年で集中的、高学年は通常の学級でなど弾力的対応を可能にする。」

特殊学級廃止の前提として学校全体の取組みをあげるなど、理念としては理解できるが、運用によっては現在の特殊学級や通級指導と似たようなことになってしまいかねない。「必要に応じて」と言うが、この必要な時間は「個別の教育支援計画」によって行われるのだから本人の意思の確認が必要である。たとえ瞬時であっても分離は分離である。本人・保護者の同意なしに行われることがあってはならない。

特別支援教室の設置については、各地で現行の固定特殊学級の存続を求める声が、在級する児童・生徒の保護者・担任から大きく起こっている。東京都では「これからの東京都の特別支援教育の在り方について」の検討委員会での審議の過程からその声が高まり、その声に押される形で最終報告では中間報告の「このような心身障害学級（東京都では特殊学級をこう呼んできた）を廃止し」が削除され、「このような心身障害学級における教育の成果と役割を継承しつつ」に変更されている。

⑥専門性の強化

報告では、特別支援教育体制を支えるための専門性の強化を主張しているが、いま学校に必要なのはインクルーシヴ教育への移行のための専門家である。社会で自立している障害者、その親や支えてきた人々こそがこれからのインクルーシヴ教育への移行にかかわる専門家と言えよう。分離・治療の対象としか障害者を見てこなかった専門家はインクルーシヴ教育を進める上では障壁にしかならない。

⑦特別支援教育コーディネーター

この新しい役割について「小・中学校、盲・聾・養護学校に校務として位置づけ、校内体制の整備や保護者・関係機関等との連携の窓口、校内外の連絡調整の役を担う」とされている。これを受けて、各都道府県では文科省、国立特殊教育総合研究所によるモデルを参考に養成研修を実施し、二〇〇七年までの全校配置をめざしている。

文科省編集の『特別支援教育』十二号（東洋館、二〇〇四年一月）は特別支援教育コーディネーターを特集し、コーディネーター養成と実際の五つの事例を紹介している。その一つに東京都東大和市立第二中学校情緒障害通級指導学級担任が「中学校における特別支援教育コーディネーターの実際」を書いている。学級の対象生徒の要件の一つに「心理的要因により不登校がちな生徒」をあげている学級である。実際の一端を「当初は、不登校であるという状態像でしかとらえることのなかった生徒たちも、その多くは、LD・ADHD・高機能自閉症のもつ特徴をかかえていた。通級指導学級での生活の様々な場面における行動観察、保護者や本人からの聞き取りなど、時間をかけたアセスメントで見えてくるものは少なくなかった。在籍校とのつながりを膨らませていくことについて配慮しつつも、本質的には、本人の自己理解を深め、障害を受容しつつ自己決定する力をつけることが指導の目標になった。『不登校』という形で発信される生徒の信号を確実にとらえて対応の方向を見定めることは重大な役割である。不登校に関して、本人、家族、学級担任、心理・教育の専門家をつないでいくうえで、『特別支援教育コーディネーター』に期待するものは大きい」と書いている。

こうして障害児はつくられていく。かつて私たちが心配して言っていた「通常学級籍になっても、用心しないと特殊教育がついてくるよ」が堂々とやってきたのである。

コーディネーターの役割が、分けないインクルーシヴ教育を進めるにはどうしたらよいかを共に考えていくことであることを確認させなければならない。

⑧高校問題

高校教育が準義務教育と言われている現在、かなりの都道府県が障害に配慮した入学選抜試験を行っているにもかかわらず、報告は普通高校が障害児にどう対応するかについて全く触れていない。もう障害に対する配慮ではなく、最も教育を必要とする障害児を優先的に受け入れることを考えるべきである。

⑨その他

部分的に評価できるところもあるが、はじめに述べたように、〝共に学ぶ〟ことから程遠い分離別学体制を維持しようとする報告であるが、もう批判に労を費すより、インクルーシヴ教育への移行プログラムを私たちが用意する時ではないか。さしあたり九九年度日教組委託研究障害児教育研究委員会報告書『インクルージョンをめざす教育』（国民教育文化総合研究所発行、二〇〇〇年）を各職場・地域で検討するところから始めたらどうだろうか。

「専門家」主導のガイドライン（試案）

二〇〇四年一月三十日、文科省は「小・中学校におけるLD、ADHD、高機能自閉症の児童生徒への教育支援体制の整備のためのガイドライン（試案）」を公表した。「今後の特別支援教育の在り方について（最終報告）」等の施策化に必要な法改正の目途がまだ立たないなか、できるところから始めようというガイドライン（試案）である。

LD親の会などは全面的に歓迎しているというが、内容は校長のリーダーシップが強調され、あくまでも専門家主導である。

どのように主体であるべき子どもの実態が把握され、どのように支援でなく指導されようとしているのか、ガイドラインとその参考資料1、2、6を紹介する。

小・中学校におけるＬＤ（学習障害）、ＡＤＨＤ（注意欠陥／多動性障害）、高機能自閉症の児童生徒への教育支援体制の整備のためのガイドライン（試案）

平成十六年一月
文部科学省

はじめに

平成十五年三月の「特別支援教育の在り方に関する調査研究協力者会議」の「今後の特別支援教育の在り方について（最終報告）」においては、小・中学校においてＬＤ、ＡＤＨＤ、高機能自閉症の児童生徒への教育的支援を行うための総合的な体制を早急に確立することが必要と提言されました。

また、平成十四年十二月二十四日に閣議決定された「障害者基本計画」の基本方針においては、「学習障害、注意欠陥／多動性障害、自閉症などについて教育的支援を行うなど教育・療育に特別のニーズのある子どもについて適切に対応する」ことが盛り込まれるとともに、それに基づき決定された「重点施策実施五か年計画」においては、「小・中学校における学習障害（ＬＤ）、注意欠陥／多動性障害（ＡＤＨＤ）等の児童生徒への教育支援を行う体制を整備するためのガイドラインを平成十六年度までに策定する」ことが示されました。

文部科学省では、これらを受けて、平成十五年度から総合的な支援体制の整備を図るためのモデル事業を実施するとともに、平成十五年八月から小・中学校におけるＬＤ、ＡＤＨＤ、高機能自閉症の児童生徒への教育支援体制の整備のためのガイドラインの作成に着手し検討を重ね、このたび、ガイドライン（試案）としてとりまとめるに至りました。

各都道府県や各市町村の教育委員会や特殊教育センター等の担当者、各小・中学校の校長・特別支援教育コーディネーター・教員、専門家チームの構成員や巡回相談員、保護者や本人におかれては、これを参考として活用し、総合的な支援体制の整備に努めていただくことを期待します。特に、関係各位におかれましては、特別支援教育への意識の転換、学校や地域における連携協力体制の構築、Plan-Do-See のプロセスを通じた支援の改善に、できるところから漸進的に取り組んでいただくことをお願いします。

本ガイドライン（試案）は、今後、全国各地での実践を通して、その有効性や課題等を検証しつつ、更に活用しやすいものとなるよう必要な改善を加えていきたいと考えてします。

作成に当たっては、策定協力者の方々、本人用の資料提供者の方々、厚生労働省障害保健福祉部の関係官及び独立行政法人国立特殊教育総合研究所の研究メンバーの方々から多大な御協力を得ました。御協力くださった各位に対し、心から感謝の意を表します。

平成十六年一月

文部科学省初等中等教育局特別支援教育課長
上月正博

目次

○校長用

1．特別支援教育を視野に入れた学校経営

2．校内委員会の設置

3．特別支援教育コーディネーターの指名と校務分掌への位置付け

4．校内の教職員の理解推進と専門性の向上

5．保護者との連携の推進

6．専門機関との連携の推進

○特別支援教育コーディネーター用

1．校内の関係者や関係機関との連絡調整

2．保護者に対する相談窓口

3．担任への支援

4．巡回相談や専門家チームとの連携

5．校内委員会での推進役

6．校内での連絡調整の例（様々な対応のヒントとして）

○教員用

1．気付きと理解

2．個別の指導計画の活用

3. 支援の実際（学級担任や教科担任としての配慮や支援）
4. 支援の実際（担任の配慮や支援を支える仕組み）
5. 保護者との連携
6. 通級指導教室及び特殊学級の担当者の役割

第四部　専門家用

○巡回相談員用

1. 巡回相談の目的と役割
2. 学校への支援
3. 専門家チームとの連携

○専門家チーム用

1. 専門家チームの目的と役割
2. ＬＤ、ＡＤＨＤ、高機能自閉症の判断
3. 判断と助言のまとめ方

第五部　保護者・本人用

○保護者用

1. 子どもの理解と保護者の心構え
2. 家庭でできること

3．学校との連携
4．学校外の支援
○本人用
1．自分のことを知るために
2．学習面や行動面・生活面で気をつけること
3．サポートを受ける（その1）（お母さんやお父さん、友だちから）
4．サポートを受ける（その2）（学校の先生、学校以外の専門家から）

参考資料
資料1：LD、ADHD、高機能自閉症の判断基準（試案）、実態把握のための観点（試案）、指導方法
資料2：「特別支援教育推進体制モデル事業」の概要
資料3：特別支援教育コーディネーター養成研修について～その役割、資質・技能、及び養成研修の内容例～
資料4：教育センターにおける研修プログラムの例
資料5：個別の指導計画の様式例
資料6：専門家チーム報告書の作成例

資料1

LD、ADHD、高機能自閉症の判断基準（試案）、実態把握のための観点（試案）、指導方法

※LDについては、「学習障害児に対する指導について（報告）」（平成十一年七月）、ADHDと高機能自閉症については、「今後の特別支援教育の在り方について（最終報告）」（平成十五年三月）から引用。

◎判断基準

LD（学習障害）

次の判断基準に基づき、原則としてチーム全員の了解に基づき判断を行う。

A．知的能力の評価

①全般的な知的発達の遅れがない。

・個別式知能検査の結果から、全般的な知的発達の遅れがないことを確認する。

・知的障害との境界付近の値を示すとともに、聞く、話す、読む、書く、計算する又は推論するのいずれかの学習の基礎的能力に特に著しい困難を示す場合は、その知的発達の遅れの程度や社会的適応性を考慮し、知的障害としての教育的対応が適当か、学習障害としての教育的対応が適当か判断する。

②認知能力のアンバランスがある。
・必要に応じ、複数の心理検査を実施し、対象児童生徒の認知能力にアンバランスがあることを確認するとともに、その特徴を把握する。

B．国語等の基礎的能力の評価

○国語等の基礎的能力に著しいアンバランスがある。
・校内委員会が提出した資料から、国語等の基礎的能力に著しいアンバランスがあることと、その特徴を把握する。ただし、小学校高学年以降にあっては、基礎的能力の遅れが全般的な遅れにつながっていることがあるので留意する必要がある。
・国語等の基礎的能力の著しいアンバランスは、標準的な学力検査等の検査、調査により確認する。
・国語等について標準的な学力検査を実施している場合には、その学力偏差値と知能検査の結果の知能偏差値の差がマイナスで、その差が一定の標準偏差以上あることを確認する。

なお、上記A及びBの評価の判断に必要な資料が得られていない場合は、不足の資料の再提出を校内委員会に求める。さらに必要に応じて、対象の児童生徒が在籍する学校での授業態度などの行動観察や保護者との面談などを実施する。

また、下記のC及びDの評価及び判断にも十分配慮する。

C．医学的な評価

○学習障害の判断に当たっては、必要に応じて医学的な評価を受けることとする。
•主治医の診断書や意見書などが提出されている場合には、学習障害を発生させる可能性のある疾患や状態像が認められるかどうか検討する。

•胎生期周生期の状態、既往歴、生育歴あるいは検査結果から、中枢神経系機能障害（学習障害の原因となり得る状態像及びさらに重大な疾患）を疑う所見が見られた場合には、必要に応じて専門の医師又は医療機関に医学的評価を依頼する。

D．他の障害や環境的要因が直接的原因でないことの判断

①収集された資料から、他の障害や環境的要因が学習困難の直接的原因ではないことを確認する。
•校内委員会で収集した資料から、他の障害や環境的要因が学習困難の直接の原因であるとは説明できないことを確認する。

•判断に必要な資料が得られていない場合は、不足の資料の再提出を校内委員会に求めることとする。さらに再提出された資料によっても十分に判断できない場合には、必要に応じて、対象の児童生徒が在籍する学校での授業態度などの行動観察や保護者との面談などを実施する。

②他の障害の診断をする場合には次の事項に留意する。
•注意欠陥多動障害や広汎性発達障害が学習上の困難の直接の原因である場合は学習障害で

はないが、注意欠陥多動障害と学習障害が重複する場合があることや、一部の広汎性発達障害と学習障害の近接性にかんがみて、注意欠陥多動障害や広汎性発達障害の診断があることのみで学習障害を否定せずに慎重な判断を行う必要がある。

・発達性言語障害、発達性協調運動障害と学習障害は重複して出現することがあり得ることに留意する必要がある。

・知的障害と学習障害は基本的には重複しないが、過去に知的障害と疑われたことがあることのみで学習障害を否定せず、「A．知的能力の評価」の基準により判断する。

ADHD（注意欠陥／多動性障害）

以下の基準に該当する場合は、教育的、心理学的、医学的な観点からの詳細な調査が必要である。

A．以下の「不注意」「多動性」「衝動性」に関する設問に該当する項目が多く、少なくとも、その状態が六ヵ月以上続いている。

○不注意

・学校での勉強で、細かいところまで注意を払わなかったり、不注意な間違いをしたりする。

・課題や遊びの活動で注意を集中し続けることが難しい。

・面と向かって話しかけられているのに、聞いていないようにみえる。

・指示に従えず、また仕事を最後までやり遂げない。

・学習などの課題や活動を順序立てて行うことが難しい。
・気持ちを集中させて努力し続けなければならない課題を避ける。
・学習などの課題や活動に必要な物をなくしてしまう。
・気が散りやすい。
・日々の活動で忘れっぽい。
○多動性
・手足をそわそわ動かしたり、着席していてもじもじしたりする。
・授業中や座っているべき時に席を離れてしまう。
・きちんとしていなければならない時に、過度に走り回ったりよじ登ったりする。
・遊びや余暇活動におとなしく参加することが難しい。
・じっとしていない。または何かに駆り立てられるように活動する。
・過度にしゃべる。
○衝動性
・質問が終わらないうちに出し抜けに答えてしまう。
・順番を待つのが難しい。
・他の人がしていることをさえぎったり、じゃましたりする。
B.「不注意」「多動性」「衝動性」のうちのいくつかが七歳以前に存在し、社会生活や学校生活を営む上で支障がある。
C．著しい不適応が学校や家庭などの複数の場面で認められる。
D．知的障害（軽度を除く）、自閉症などが認められない。

高機能自閉症
以下の基準に該当する場合は、教育的、心理学的、医学的な観点からの詳細な調査が必要である。
A．知的発達の遅れが認められないこと。
B．以下の項目に多く該当する。
○人への反応やかかわりの乏しさ、社会的関係形成の困難さ
・目と目で見つめ合う、身振りなどの多彩な非言語的な行動が困難である。
・同年齢の仲間関係をつくることが困難である。
・楽しい気持ちを他人と共有することや気持ちでの交流が困難である。
【高機能自閉症における具体例】
・友達と仲良くしたいという気持ちはあるけれど、友達関係をうまく築けない。
・友達のそばにはいるが、一人で遊んでいる。
・球技やゲームをする時、仲間と協力してプレーすることが考えられない。
・いろいろな事を話すが、その時の状況や相手の感情、立場を理解しない。

・共感を得ることが難しい。
・周りの人が困惑するようなことも、配慮しないで言ってしまう。
○言葉の発達の遅れ
・話し言葉の遅れがあり、身振りなどにより補おうとしない。
・他人と会話を開始し継続する能力に明らかな困難性がある。
・常同的で反復的な言葉の使用または独特な言語がある。
・その年齢に相応した、変化に富んだ自発的なごっこ遊びや社会性のある物まね遊びができない。

【高機能自閉症における具体例】
・含みのある言葉の本当の意味が分からず、表面的に言葉通りに受けとめてしまうことがある。
・会話の仕方が形式的であり、抑揚なく話したり、間合いが取れなかったりすることがある。
○興味や関心が狭く特定のものにこだわること
・強いこだわりがあり、限定された興味だけに熱中する。
・特定の習慣や手順にかたくなにこだわる。
・反復的な変わった行動（例えば、手や指をぱたぱたさせるなど）をする。
・物の一部に持続して熱中する。

【高機能自閉症における具体例】
・みんなから、「○○博士」「○○教授」と思われている（例：カレンダー博士）。
・他の子どもは興味がないようなことに興味があり、「自分だけの知識世界」を持っている。
・空想の世界（ファンタジー）に遊ぶことがあり、現実との切り替えが難しい場合がある。
・特定の分野の知識を蓄えているが、丸暗記であり、意味をきちんとは理解していない。
・とても得意なことがある一方で、極端に苦手なものがある。
・ある行動や考えに強くこだわることによって、簡単な日常の活動ができなくなることがある。
・自分なりの独特な日課や手順があり、変更や変化を嫌がる。
○その他の高機能自閉症における特徴
・常識的な判断が難しいことがある。
・動作やジェスチャーがぎこちない。
C．社会生活や学校生活に不適応が認められること。

◎実態把握のための観点（試案）
LD（学習障害）
A．特異な学習困難があること

①国語又は算数（数学）（以下「国語等」という。）の基礎的能力に著しい遅れがある。
•現在及び過去の学習の記録等から、国語等の評価の観点の中に、著しい遅れを示すものが一以上あることを確認する。この場合、著しい遅れとは、児童生徒の学年に応じ一〜二学年以上の遅れがあることを言う。

小学校二〜三年生　一学年以上の遅れ
小学校四年生以上又は中学生　二学年以上の遅れ

②全般的な知的発達の遅れがない。
•知能検査等で全般的な知的発達の遅れがないこと、あるいは現在及び過去の学習の記録から、国語、算数（数学）、理科、社会、生活（小学校一及び二年生）、外国語（中学生）の教科の評価の観点で、学年相当の普通程度の能力を示すものが一以上あることを確認する。

B.他の障害や環境的な要因が直接の原因ではないこと
•児童生徒の記録を検討し、学習困難が特殊教育の対象となる障害によるものではないこと、あるいは明らかに環境的な要因によるものではないことを確認する。

•ただし、他の障害や環境的な要因による場合であっても、学習障害の判断基準に重複して該当する場合もあることに留意する。

•重複していると思われる場合は、その障害や環境等の状況などの資料により確認する。

ＡＤＨＤ（注意欠陥／多動性障害）及び高機能自閉症

Ａ．基本方針

・学校における実態把握については、担任教員等の気付きを促すことを目的とすることが重要である。

・障害種別を判断するためではなく、行動面や対人関係において特別な教育的支援の必要性を判断するための観点であることを認識する必要がある。

・学校では、校内委員会を設置し、同委員会において、担任等の気付きや該当児童生徒に見られる様々な活動の実態を整理し、専門家チームで活用できるようにすることが求められる。専門家チームでは、このような学校における実態把握をも含めて、総合的に判断をすることになる。

Ｂ．留意事項

・ＡＤＨＤや高機能自閉症等、障害の医学的診断は医師が行うものであるが、教員や保護者は、学校生活や家庭生活の中での状態を把握する必要がある。

・授業や学校生活において、実際に見られる様々な特徴を把握できるような観点を設定する必要がある。

・高機能自閉症等の一部には、行動としては現れにくい児童生徒の内面的な困難さもあることに留意する必要がある。

・授業等における担任の気付きを、注意集中困難、多動性、衝動性、対人関係、言葉の発達、興味・関心などの観点から、その状態や頻度について整理し、校内委員会に報告する。

C．観点

○知的発達の状況

・知的発達の遅れは認められず、全体的には極端に学力が低いことはない。

○教科指導における気付き

・本人の興味のある教科には熱心に参加するが、そうでない教科では退屈そうにみえる。
・本人の興味ある特定分野の知識は大人顔負けのものがある。
・自分の考えや気持ちを、発表や作文で表現することが苦手である。
・こだわると本人が納得するまで時間をかけて作業等をすることがある。
・教師の話や指示を聞いていないようにみえる。
・学習のルールやその場面だけの約束ごとを理解できない。
・一つのことに興味があると、他の事が目に入らないようにみえる。
・場面や状況に関係ない発言をする。
・質問の意図とずれている発表（発言）がある。
・不注意な間違いをする。
・必要な物をよくなくす。

○行動上の気付き
・学級の児童生徒全体への一斉の指示だけでは行動に移せないことがある。
・離席がある、椅子をガタガタさせる等落ち着きがないようにみえる。
・順番を待つのが難しい。
・授業中に友達の邪魔をすることがある。
・他の児童生徒の発言や教師の話を遮るような発言がある。
・体育や図画工作・美術等に関する技能が苦手である。
・ルールのある競技やゲームは苦手のようにみえる。
・集団活動やグループでの学習を逸脱することがある。
・本人のこだわりのために、他の児童生徒の言動を許せないことがある。
・係活動や当番活動は教師や友達に促されてから行うことが多い。
・自分の持ち物等の整理整頓が難しく、机の周辺が散らかっている。
・準備や後片付けに時間がかかり手際が悪い。
・時間内で行動したり時間配分が適切にできない。
・掃除の仕方、衣服の選択や着脱などの基本的な日常生活の技能を習得していない。
○コミュニケーションや言葉遣いにおける気付き
・会話が一方通行であったり、応答にならないことが多い。

（自分から質問をしても、相手の回答を待たずに次の話題にいくことがある。）
・丁寧すぎる言葉遣い（場に合わない、友達どうしでも丁寧すぎる話し方）をする。
・周囲に理解できないような言葉の使い方をする。
・話し方に抑揚がなく、感情が伝わらないような話し方をする。
・場面や相手の感情、状況を理解しないで話すことがある。
・共感する動作（「うなずく」「身振り」「微笑む」等のジェスチャー）が少ない。
・人に含みのある言葉や嫌味を言われても、気付かないことがある。
・場や状況に関係なく、周囲の人が困惑するようなことを言うことがある。
・誰かに何かを伝える目的がなくても、場面に関係なく声を出すことや独り言が多い。
○対人関係における気付き
・友達より教師（大人）と関係をとることを好む。
・友達との関係の作り方が下手である。
・一人で遊ぶことや自分の興味で行動することがあるため、休み時間一緒に遊ぶ友達がいないようにみえる。
・口ゲンカ等、友達とのトラブルが多い。
・邪魔をする、相手をけなす等、友達から嫌われてしまうようなことをする。
・自分の知識をひけらかすような言動がある。

・自分が非難されると過剰に反応する。
・いじめを受けやすい。

※DSM-IV, ASSQ「ADHD児の理解と学級経営」（仙台市教育センター、平成十三年度）、『注意欠陥／多動性障害〔ADHD〕などの児童・生徒の指導のあり方に関する研究』（東京都立教育研究所、平成十一年度）を参考にした。

◎指導方法

LD（学習障害）

A．従来の特殊教育の特徴は、教科の指導と並んで障害に基づく種々の困難の改善・克服を目指す自立活動の指導を行うことにある。これに対し、学習障害児に対する指導は、特定の能力の困難に起因する教科学習の遅れを補う教科の指導が中心となる。このため、学習障害とは別の理由により教科学習に遅れが見られる児童生徒に対する指導内容・方法と重複する部分も少なくなく、学習障害に特有の指導内容・方法を明確に示すことは現時点では困難である。ただし、反面これは、障害のない児童生徒に対する指導においても、学習障害児に対する指導内容・方法を広く活用することができるということも意味している。

B．また、従来の特殊教育においては、障害の種類や程度に応じた固有な指導内容・方法、あるいは指導形態があるが、学習障害児については、困難のある特定の能力の種類により指導方法等が異なることもあり、学習障害児に共通した一般的な指導方法は現時点では確立されていない。

さらに、同一の能力に困難を有していても、個々の学習障害児に生じている学習上のつまずきや困難などは様々であり、これらを改善するためには、個々の実態に応じた指導を行うことが必要である。

その際、個々の児童生徒の認知能力の特性に着目した指導内容・方法を工夫することが有効である。

C. 具体的指導方法については、調査研究協力校や国立特殊教育総合研究所等における研究が参考となる。

まず、調査研究協力校における研究では、学習障害児又はそれに類似した児童生徒に対する指導方法として、学習障害児等が興味・関心を持って授業に参加できるような指導や、達成感を持てるような指導が大きな効果を上げたことが報告されている。具体的には、困難のある能力を補うための教材を用いた指導、スモールステップによる指導、自信をつけさせたりやる気を持たせることができる指導、同一の課題を繰り返して実施する根気・集中力を養う指導といった例が挙げられている。

また、国立特殊教育総合研究所における研究では、児童生徒のつまずきに速やかに気付いて個に応じた指導をすることが可能なティームティーチングの活用や、集団の中では落ち着きがないため一斉指導では学習に集中できない児童生徒に対する個別指導が効果を上げたことが報告されている。とりわけ、それぞれの児童生徒の認知能力の特性や学習の仕方に配慮して個別に指導計画を設け、苦手な分野の学習にも長所を生かせるような指導が重要であること、具体的には、

① 教材の種類とその示し方、板書の仕方、ノートの取り方の指導などの工夫が大切であること

② 読み書き計算と強い関係のある、文字、記号、図形の認知等に配慮した指導や手指の巧緻性を高める指導も有用であること

③ 「書くこと」や「計算すること」が特別に困難な場合には、ワープロやコンピュータあるいは電卓など本人が取り組みやすい機器等の併用が効果的であることが報告されている。

ADHD（注意欠陥／多動性障害）及び高機能自閉症等

A．基本的な考え方

〈ADHDの指導・高機能自閉症等の指導共通〉

• ADHD・高機能自閉症等のある児童生徒の教育的ニーズは多様であることから、一人一人の実態把握を、単に行動上の問題の把握のみならず、教科学習や対人関係の形成の状況、学校生活への適応状況など様々な観点から行うことが必要である。

• ADHD・高機能自閉症等のある児童生徒の保護者、クラスメイト、クラスメイトの保護者への理解推進も積極的に進める必要がある。

・ＡＤＨＤ・高機能自閉症等のある児童生徒に対して、個別の指導計画による指導が見られ、効果を上げている例も見られるが、当該児童生徒への一層の教育の充実ということから、その作成にあたっては、通級指導教室や特殊学級など校内の特殊教育の担当者からの支援を得ることが望ましい。個別の指導計画を作成し、運用するに当たっては、保護者への十分な理解と連携が求められる。個別の指導計画の作成や運用の在り方については、研究開発学校における取り組みの成果等を参考に検討することが考えられる。
・知的発達には遅れがないものの学習面や行動面で様々な状態を示し、社会的適応にも困難を示すことがあることから、生徒によっては中等教育段階の早い時期から、障害の特性に配慮した職業に関する教育が必要である。

〈ＡＤＨＤの指導〉

・多動行動等に対応するためには、小学生など低年齢段階からの適切な指導が重要である。
・生活技能（主として対人関係技能）を身に付けることが大切である。その際には、適切な行動に向けての自己管理能力を高めることも大切である。
・問題行動、非行等への配慮が必要である。
・自信回復や自尊心（自己有能感）の確立、さらには自分で自分の行動を振り返ったり、他者が自分をどうとらえているのかを理解したりすることも大切である。
・投薬（中枢刺激剤等）の効果が認められる場合があることから、医療との連携が重要である。

〈高機能自閉症等の指導〉

• 光や音、身体接触などの刺激への過敏性があること、問題を全体的に理解することが不得意であること、過去の不快な体験を思い出してパニック等を起こすこと等の特性に対応することが大切である。

• 主として心因性の要因による選択性かん黙等への対応とは異なり、その特性に応じた指導ができるように指導の場に関する検討が必要である。その際には、通常の学級における特性に応じた補充的な教育内容やその指導方法等について検討が必要である。

• 二次的障害が顕著に現れる場合もあることから、特に思春期には丁寧な対応が重要である。

• アスペルガー症候群は、言語機能に大きな困難性を有しないが、その他の行動特性は自閉症と同様であることから、教育的対応上は高機能自閉症と同様と考えることができる。

B．具体的な配慮

〈ADHDの指導・高機能自閉症等の指導共通〉

• 共感的理解の態度をもち、児童生徒の長所や良さを見つけ、それを大切にした対応を図る。

• 社会生活を営む上で必要な様々な技能を高める（ソーシャルスキルトレーニング）。それらは、ゲーム、競技、ロールプレイ等による方法が有効である。

• 短い言葉で個別的な指示をする（受け入れやすい情報提示、具体的で理解しやすい情報提示）。

• いじめ、不登校などに対応する。

・本人自らが障害の行動特性を理解し、その中で課題とその可能な解決法、目標を持つなど対処方法を編み出すよう支援する。
・校内の支援体制を整える。
・周囲の子どもへの理解と配慮を推進する。
・通級指導教室での自信と意欲の回復を図る（スモールステップでの指導等による）。
・通級指導教室担当者は、在籍学級担任への児童生徒の実態や学習・行動の状況等に関する情報提供や助言をする。
・医療機関と連携する。

〈ＡＤＨＤの指導〉

・叱責よりは、できたことを褒める対応をする。
・問題行動への対応では、行動観察から出現の傾向・共通性・メッセージを読み取る。
・不適応をおこしている行動については、その児童生徒と一緒に解決の約束を決め、自力でできることと支援が必要な部分を明確にしておく。
・グループ活動でのメンバー構成に配慮する。
・刺激の少ない学習環境（机の位置）を設定する。

〈高機能自閉症等の指導〉

・図形や文字による視覚的情報の理解能力が優れていることを活用する。

・学習環境を本人に分かりやすく整理し提示する等の構造化をする。
・問題行動への対応では、問題行動は表現方法のひとつとして理解し、それを別の方法で表現することを教える。
・環境の構造化のアイディアを取り入れること（見通しがもてる工夫や、ケースによっては個別的な指導ができる刺激の少ないコーナーや部屋の活用等）が効果的である。
・情報の受け入れ方や心情の理解などにおいて、障害のない者とは大きく異なることを踏まえた対応をする。

※上記の具体的な配慮は、すべての年齢層に共通というわけではなく、年齢によって、異なることに注意する必要がある。また、同年齢であっても、個々の状態に応じて配慮事項は変わることに注意する必要がある。
※また、いくつかの指導実践では、通常の学級で可能な配慮と、通級指導教室等における配慮が有効な場合もあることが報告されている。

資料２「特別支援教育推進体制モデル事業」の概要

平成十五年度予算額　九八、九九〇千円

1　趣旨

①平成十一年七月の「学習障害及びこれに類似する学習上の困難を有する児童生徒指導方法に関する調査研究協力者会議」の報告に基づいて、学習障害（ＬＤ）のある児童生徒に関する指導体制の充実事業を行い、各学校における学習障害（ＬＤ）のある児童生徒の実態を把握し、巡回相談を行うことにより、指導の充実を図ってきたところである。

②また、「二十一世紀の特殊教育の在り方について（平成十三年一月）」の最終報告を踏まえて、小・中学校等に在籍する注意欠陥／多動性障害（ＡＤＨＤ）や高機能自閉症等のある児童生徒など特別な教育的支援を必要とする児童生徒への対応が求められていることから、平成十五年三月の「今後の特別支援教育の在り方について」の最終報告においては、これらの障害の定義、判断基準（試案）等が示されたところである。

③このため、学習障害（ＬＤ）のある児童生徒に加え、注意欠陥／多動性障害（ＡＤＨＤ）や高機能自閉症のある児童生徒を含めた、総合的な支援体制の充実を図るためのモデル事業を実施する。

2　内容

①注意欠陥／多動性障害（ＡＤＨＤ）や高機能自閉症のある児童生徒等に対する指導のための

体制整備

学習障害（ＬＤ）のある児童生徒に対する指導体制の充実事業で組織された教育委員会の専門家チーム、学校における校内委員会を活用し、注意欠陥／多動性障害（ＡＤＨＤ）や高機能自閉症のある児童生徒を含めた判断・実態把握を行うための支援体制を整備する。また、判断・実態把握基準の有効性を検証するとともに、学校内での注意欠陥／多動性障害（ＡＤＨＤ）や高機能自閉症等のある児童生徒に対する適切な指導のための体制整備の充実を図る。

②特別支援教育コーディネーター

特別な支援を必要とする児童生徒については、その一人一人の教育的ニーズに対応して計画的に、かつ適切に教育を行うことが重要である。このため、小・中学校に設置された校内委員会で担当教師等に指導・助言を行ったり、教育委員会の指導主事と連携調整を図るほか、福祉・医療機関等の関係機関との連絡調整を行うなど、各学校において指導的な役割を担う特別支援教育コーディネーターの在り方について検討を行う。

③巡回相談

小・中学校の教員を対象に、専門家による巡回相談事業を実施し、学習障害（ＬＤ）、注意欠陥／多動性障害（ＡＤＨＤ）や高機能自閉症等のある児童生徒へも対象を拡充し、指導方法の確立を図る。

④委嘱先　　四七都道府県

資料6　専門家チーム報告書の作成例

〈例1〉

学校名　小学校　二学年　組　性別　男子　氏名　担任
1. 判断の結果 学習障害である。 主に、読むことと書くことに特異な困難がある。
2. 判断の根拠
A. 知的能力の評価
［1］全般的な知的発達 知能検査を実施し、全般的な知的発達は正常範囲にあることが確認された。
［2］認知能力のアンバランス 言語理解力は年齢平均的水準にあり、言語の聴覚的な情報を処理する過程は意味理解、記憶、連合、表出においても年齢相応に発達していることを示している。一方、視知覚統合力は年齢からすると明らかに不十分であり、視覚認知、その記憶、体制化、表出において劣っている。本児の場合、刺激を同時に処理することは非常に不得手であり、それと比べて順序立てて継次的に処理することの方は得手とする。したがって、視覚的情報を同時的に処理することを求められる時に最も困難を示す。しかし、継次的な情報処理を用いることで学習が補完されていることも予想される。また、視覚―運動協応性の稚拙さは顕著である。

B．国語・算数の基礎的能力の評価
観点別到達度学力検査を実施し、国語についてはおおよそ一年生段階の到達度、算数の計算についてはおおよそ二年生段階の到達度であると判断された。また、以下項目で学習困難な状況があり、主に国語において特異な困難が認められた。

「聞くこと」：おそらく注意が散漫なため、指示理解が不正確になりやすい。複数の指示は聞き漏らしが多い。

「話すこと」：順序立てての話が苦手である。単語の想起が困難な面がある。

「読むこと」：ひらがな、漢字の読みでは、逐字読みや読み間違いが見られる。文章の音読になるとさらに困難が目立ち、読みの速度は遅く、読み間違いも多くなる。読解問題は読まずに回答してしまう。

「書くこと」：文字の形や大きさなどが整わず、書字にあきらかな困難がみられる。ひらがなよりも漢字でより困難が目立つ。ひらがなは間違いなく書くが、かたかなは完全には習得できていない。漢字は一年生の配当のものも習得できていない。文字の模写に苦労している。

「計算」：数の概念は獲得している。計算は速く、正確である。ただし、筆算では桁がずれて誤ることがある。

「図形」：形の弁別はできているが、図形の模写は非常に苦手である。定規等の使用が困難。

C．医学的な評価
読み書き障害の疑い。発達性協調運動障害。視覚運動協応に顕著な困難。

D．他の障害や環境的要因が直接的原因でないことの判断

［1］他の障害や環境的要因

保護者との面談から、本児は発達期において、始歩や始語に遅れがみられた。その後も運動面の発達は同齢児と比べて遅かった。保護者は本児を愛情豊かに養育されてきたと思われる。本児なりの発達を見守る姿勢と、同時にそれを促進するような支援や教育を考えたい意向とをもっている。環境的には学習を阻害すると考えられる要因は見当たらない。

［2］他の障害の診断

医学的には発達性協調運動障害をもつと診断された。観察からも、いわゆる不器用さは顕著であった。これは学習上の問題を生じる一要因となっているだろう。しかし、本児の学習上の困難さはその認知機能のアンバランスが最大の原因として考えられる。

3. 指導を行うにふさわしい教育形態と配慮事項

A. 教育形態

(1)通常の学級における指導を基本とする。

(2)教員、通級指導教室での指導、個別による指導などを行う。

B. 指導上の基本的配慮事項

本児の認知機能の特徴及び基礎的学力の状態からいくつかの留意点があげられる。

(1)言語理解力は年齢相応であることから、指示理解にみられる困難は本児の注意力の問題によるところが大きいだろう。重要な情報は、注意を喚起し、注意の集中を確認しながら与えることが必要である。

(2)視覚統合力が劣っていることから文字や図形の認知（把握）に弱さがある。加えて、運動協応性の不器用さから、書字や作図にはかなりの困難をきたしている。従って、一連の課題には、視覚的情報の内容と提示の仕方に工夫を配するとともに、耳から入る言語情報を付加することが有効となるだろう。

(3)本児の外部からの情報の受け取りや対応の特徴から、課題は部分から全体へ、順序性の重視、聴覚的・言語的手がかり等を利用した学習方法が有効になると考えられる。

C．教科に関わる指導方法

〈国語〉

［聞く］：声かけ、合図などの注意喚起に留意する。

［話す］：話す事柄を整理させる。（内容の柱・その順序の構成等話し方の技術の習得）

［読む］：親指と人差し指で単語や文節等をはさみ、語句をまとまりとして読む読み方を活用する。

聴覚的記憶力が良好なので、文や詩の暗唱、斉読の教材を活用し、読むことへの意欲を高める。

［書く］：文字サイズとマス目を配慮したノートを活用する。

漢字学習については、文字の構成部分を筆順に従ってリズムよく唱えながら覚える方法での学習が有効である。

〈算数〉

ノートのマス目と合わせたマス目黒板を活用する等して、板書の視写を助ける。

［図形］：ノートのマス目と合わせたマス目黒板を活用する等して、板書の視写を助ける。

D．その他の配慮事項

(1) 個別指導の時間の設定

書字、読字については、特に担任等による個別指導が有効と考えられるので、全体の学習環境を考えながら、検討を要する。

(2) 通級による指導

利用可能であれば、個別的な指導内容を設定する。

(3) 保護者への支援

学習の要点や指導上の工夫についての情報の提供等を通して家庭学習との協調を進める。保護者への支援を考慮することが望まれる。

(4) 環境整備

①一斉指導場面での座席の配慮

②視覚的な言語環境を整備する（本人が読みやすいように、文字情報の提示の仕方を工夫する）。

(5) その他

本児の中に形成されつつある学習へ向かう姿勢を損なうことなく、学習を進めていくことが必要である。そのためには、苦手領域の補習を強調するのではなく、より得手とすることを盛り込み、学習及び学校生活への意欲を育てていくことが大切である。ワープロの活用等代替システムにも触れさせる。

4．再評価
（指導方法及び配慮事項による教育的対応の効果の有無、並びに引き続き特別な支援や配慮を要するか否かを、必要な指導期間を経た後に評価する予定である）

〈例2〉

学校名　小学校　五学年　組　性別　女子　氏名　担任
1．判断の結果
学習障害と判断される。
算数と書くことに特異な困難がある。
2．判断の根拠
A．知的能力の評価
［1］全般的な知的発達
知能検査を実施した結果、全般的な知的発達は正常範囲にあることが確認された。
［2］認知能力のアンバランス
認知能力はWISC－Ⅲ検査及びK－ABC検査によって評価した。
言語理解力は、年齢相応の発達水準を示しており、言語的な情報を処理する過程（理解、表出面ともに）は良好である。一方、視覚的な情報を認知すること自体には明らかな問題はみられないが、空間操作能力においては問題が認められる。また、聴覚及び視覚的短期記憶の問題も疑われる。空間操作や記憶面の難しさに対しては、言語的な手がかりを用いることで学習が

保障されていることが予測される。思考能力は長けているが、全体的に処理を要するのに時間がかかるようである。

B．国語・算数の基礎的能力の評価

観点別到達度学力検査を実施し、国語については、おおよそ四年から五年生段階の到達度にあるが、漢字を書くことについては二学年以上の遅れが認められる。また、算数においては、全般的に一〜二学年程度の遅れがみられ、おおよそ三年生段階の到達度であると判断された。

「聞くこと」：特に困難は認められない。

「話すこと」：口数は少ないが、こちらの問いに対する応答は的確である。

「読むこと」：単語及び文章とも読みに関する速度、正確さに目立った問題はみられない。読解も良好である。

「書くこと」：特に、漢字を書くことに困難がある。三年配当の漢字でも正答率五〇％に満たない。書字は丁寧である。

「数と計算」：加・減・乗法については正確に行うことができるが、間に0が入る計算、余りのある除法については手続きが習得されていない。但し、演算方法の選択、立式は正確に行うことができる。

「量と測定」：単位の概念が安定していない。また、角度についての問題も難しい。

「図形」：二等辺三角形、ひし形、平行四辺形等の図形の基本的な性質が理解されていない。

「数量関係」：グラフや表の読み取りが難しい。

C．医学的な評価

訴えからすると、発達性計算障害が疑われるが、読み書きの問題の有無を調べる必要がある。ADHDあるいは広汎性発達障害等は疑われない。現在まで脳機能検査は受けていないので、とりあえず脳波検査を受けることを勧める。やや不器用であるが、発達性協調運動障害とは診断できない。

D．他の障害や環境的要因が直接的原因でないことの判断

［1］他の障害や環境的要因

保護者との面談から乳幼児時期の運動、言語の発達はゆっくりではあるが、遅れはみられなかった。但し、ことばの理解は十分と思われる反面、無口でことば数が少なかった。また、母親の後追いや人見知りが強く、母子分離の面では未だに不十分なところがある。就学後、読み書きの問題が出てきたので、家庭で保護者（母親）が学習をみてきた。家庭環境面で、生活上の変化に伴い、本児にも心理的負荷が掛かっていることは予想される。しかし、学習上の困難はその発現時期と内容から判断して、これらの環境要因が直接の原因となっているとは考えにくい。

［2］他の障害の診断

学習上の困難を生じると予想される疾患、その他の障害は認められない。

3．指導を行うにふさわしい教育形態と配慮事項

A．教育の場と形態

(1)通常の学級における指導を基本とする。

(2)必要に応じて加配の運用、個別による指導等を行う。

B．指導上の基本的配慮事項

本児の認知能力特性及び基礎的学力の状態からいくつかの配慮点が挙げられる。

(1) 文字や図形の操作、記憶に弱さがある。これらの力を要する一連の課題には、提示の仕方や内容説明の際に、工夫を配することが考えられる。

(2) 本児の認知能力特性から、言語的な手がかりの利用が有効と思われる。また、身近な生活体験と関連付けて示すことも有効であろう。何かを記憶する時には、単に繰り返し覚えさせるのではなく、意味付け等することが重要である。

(3) 反応はゆっくりとしているが、内容を理解し、推論を進める能力はあるので、本児が情報を処理するに足る時間的余裕も配慮する必要があろう。

C．教科に関わる指導方法

(1)国語

国語に関しては、本児の得意とする領域なので、現在の達成度の維持を図るとともに、有能感を味わわせる機会を多く設定する。

但し、漢字学習については配慮を要する。具体的には、ただ単に繰り返し書いて覚えさせるというやり方ではなく、意味付けを行う等して、記憶することへの負担を考える必要がある。

(2)算数

「数と計算」：現時点では、大きなつまずきはないが、間に0が入った計算、余りのある除法に関しては、計算の手続きが安定していないので、これらについての手続きを再度確認する必要がある。

「量と測定」「図形」「数量関係」：これらのつまずきについては、まず、基本的な概念が正確に習得されていないところが多々みられた。これらに関しては、目で見て覚えたり、頭の中だけでイメージしたり、作業や活動を通して概念を導き出したりするよりは、「言語的な説明を用いて、身近な体験等と関連付けて」説明をした方が、より本児の理解が促進されると予測される。これから新たに学ぼうとしている課題（概念）については、それぞれことばで明確に定義付けを行い、一つずつ整理することが必要と考える。

D．その他の配慮事項

(1)個別指導（放課後等）

特に算数と漢字学習についての個別もしくは配慮指導が望まれる。

(2)保護者への学習情報の提供

家庭での補習学習への助言、また、必要に応じて教材（宿題）の提供を行うことが考えられる。

(3)その他

本児は、とてもおとなしく、自分から積極的に活動することは少ない。しかし、親しい友人と一緒であれば活動範囲も広がるため、グループ編成等で配慮を行い、本児の心理的な安定を確保することが考えられる。

4. 再評価

（指導方法及び配慮事項による教育的対応の効果の有無、並びに引き続き特別な支援や配慮を要するか否かを、必要な指導期間を経た後に評価する予定である）

特別支援教育推進体制モデル事業

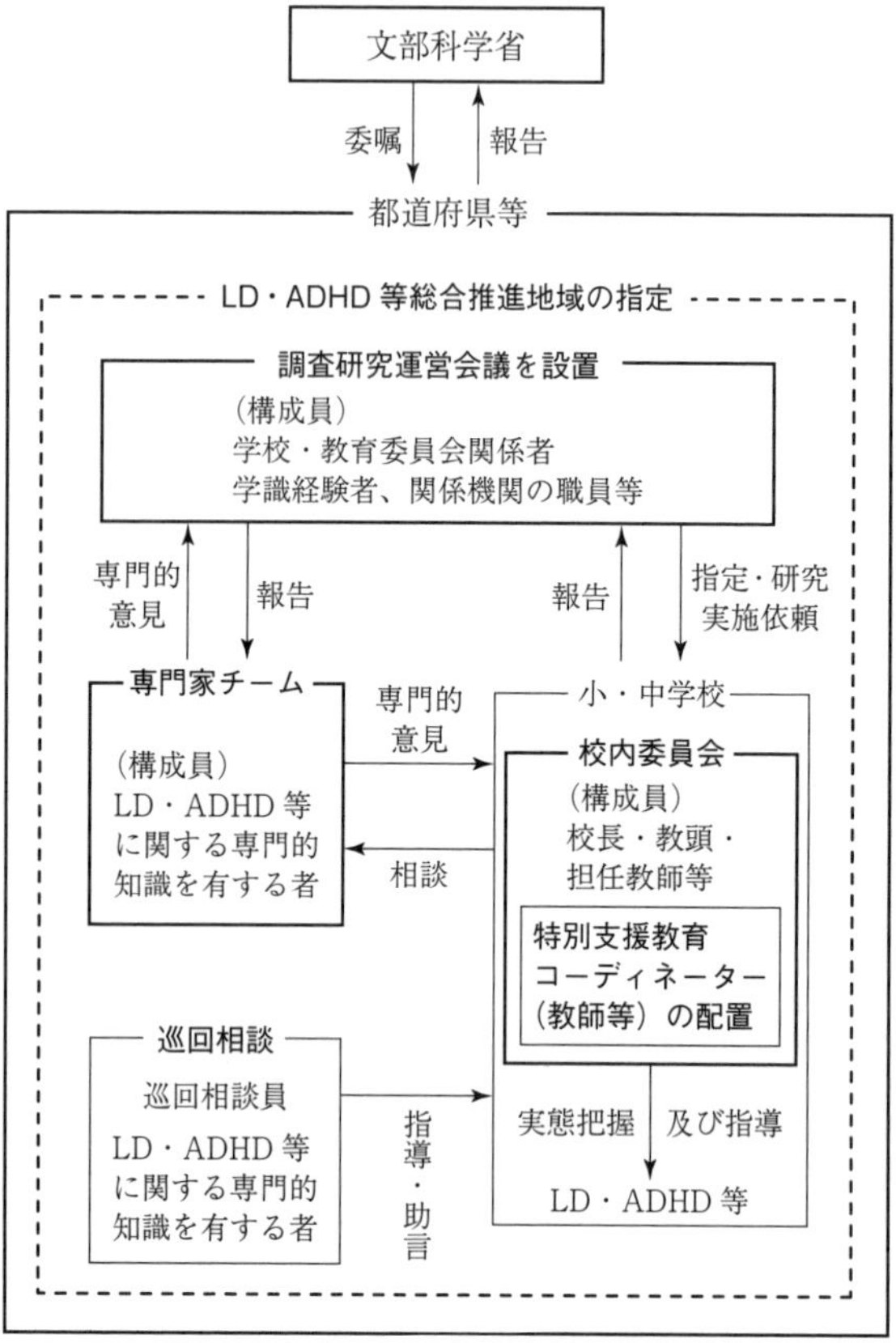

五　教育基本法にみる能力主義
――能力によって分離する「機会均等」――

障害児の高校進学を阻む適格者主義

定員に満たないにもかかわらず「適格主義」と称して不合格者を出す高校がある。定員内不合格が繰り返されても、めげずに五年も六年も受験し続けている障害児と言われる人もいる。

一九四八年四月、新制高等学校は、後期中等教育とよばれ、新たに義務制になった新制中学校との一貫性を前提に出発した。できるだけ多くの者が入学できることを理想として、学校間格差がない、男女共学、総合制、小学区制が志向されたが、財政難で学校間格差をなくす政策が進まない上、実質的に多くが旧制中学校、女学校を前身にしていたため、伝統校に対する学校間格差を求める地域の要望が強くあった。一方、戦後の復興が進み、産業界から職業教育の要請がさかんになってきて、一九五二年をピークに総合制、小学区制は解体に向かった。

一九五四年文部省は、進学希望者の増加と高校側の不満に応えて、「高等学校教育を受ける能力のある者」のみを入学させる方向に転換することを決断し、初中局長通達で、選抜の主体が高校長にあることを明示した。その後、幾度かの変遷を経て、一九六三年、学校教育法施行規則五九条が改訂され、中学校からの調査書と学力検査の成績で入学者を選抜する法的制度が定着した。当時の初中局長通知の別紙「公立高等学校入学者選抜要項」1は、「高等学校は、高等学校教育の普及およびその機会均等の精神にのっとり志願者のなるべく多数を入学させることが望ましいが、高等学校の目的に照らして、心身に異常があり修学に堪えないと認められる者その他高等学校の教育課程を履修できる見込みのない者をも入学させることは適当でない」と述べている。

生来の能力や後天的能力を理由に能力のある者には豊かな教育を、低い者にはそれなりの教育をという主張である。

この施策転換は、教育の能力主義的再編の過程で、能力による教育の機会不平等を正当化するものであった。――この通知は、以後次々に出された通知で失効しているが、いまだに選抜に際しての高校側のよりどころになっている。しかし、新制高校発足当時の高校進学率は全国平均四二・五%、高度成長期に向かう一九五九年でも五七・五%であったことを考え併せると、この時期までの高校教育は、選抜が行われなくても充分「エリート型」であったと言える。従って希望をする者全てを受け入れようという初期の文部省の方針は、障害をもつ者や点数の取れない子を念頭においてのことではなかった。

その意味で、いま共に学ぶことをめざして各地でもりあがっている〝障害があっても、〇点でも高校へ〃を合言葉に点数が取れなくても高校に行こうという運動は、高校教育の本質、ひいては日本の教育の本質を問う重要な運動である。

すでにたくさんの障害をもつ人、点数の取れない人が高校に通い卒業し、地域で暮らしている。一方、適格主義にこだわり、受験時の障害への配慮もせず、定員内不合格を繰り返しているところもある。その後楯になっているのが、教育基本法三条とそれに導かれた学校教育法である。教育基本法が「改正」されようとしているいまだからこそ、問題のあるところを避けるのではなく、きちんと検証して立ち向かわなければならないと思う。

教育基本法第三条の「能力に応ずる」とは

「教育基本法第三条（教育の機会均等）

すべて国民は、ひとしく、その能力に応ずる教育を受ける機会を与えられなければならないものであって、人種、信条、性別、社会的身分、経済的地位又は門地によって、教育上差別されない。

国及び地方公共団体は、能力があるにもかかわらず、経済的理由によって修学困難な者に対して、奨学の方法を講じなければならない。」

この前項を素直に読むと〃能力によっては差別してよい〃と読み取れる。教育の基本になる法律に「差別してよい」とあるのは認め難い。

次に紹介するのは、教育基本法公布の直後その趣旨の徹底を図るため、本法制定の所管局長であった辻田力、文部省調査局参事であった田中二郎両氏によって監修された「教育基本法の解説」の該当部分である。

一　新憲法は、その第一四条第一項に、「すべて国民は、法の下に平等であって、人種、信条、性別、社会的身分又は門地により、政治的、経済的又は社会的関係において差別されない。」として、法の下に国民がすべて平等であるとの基本原則を掲げ、更に第二六条第一項には、「すべて国民は、法律の定めるところにより、その能力に応じて、ひとしく教育を受ける権利を有する。」と宣言して、教育を受ける権利を国民の基本的人権として認めたのである。これらの規定は、民主的な国家にあっては、すべての関係において国民は平等に取り扱われるべきであるとの機会均等の原則を示すとともに、文化的な国家においては、すべての国民がひとしくその能力に応ずる教育を与えられるべく、国家はその実現に努力すべき責務を負うことを明らかにしたものである。

しかし、憲法は教育を受ける権利についてその具体的な定めをなすことを法律に譲っている。そこで本条は、この憲法の規定の精神をおしひろめるとともに、現在の国情に照らし、可能な限度を示そうとするものである。

二　民主主義の教育制度では、教育の機会均等ということが要請される。その意味は、社会的地位及び経済事情のいかんにかかわらず、すべての児童や青年に平等に教育の機会を与え、更に教育に当って被教育者の能力以外の属性によって区別しないということである。しかし、それは、すべての児童や青年に同一の教育を与えることではない。人々に個人差の存することはかくれもない事実であり、又個人差に応ずる教育を施すことが人々の天分を伸ばし、個性を完成するゆえんであるからである。（米国教育使節団報告書も、「民主政治下の生活のための教育制度は、各人の能力と適性に従って教育の機会を均等に与えるように組織されるであろう。」と述べている。）

三　本条第一項前段によれば、すべて国民は、教育を受ける機会を均等に与えられなければならないのである。いわば門戸開放であり、したがって国家はそれを妨げてはならない義務を負うことになる。後段においては、単に教育を受ける機会を均等にするのみならず、教育のあらゆる場合において被教育者の能力以外の事由によって差別的取り扱いをしないことを示したものである。

本条を右のように解釈するとすれば、これと憲法第二六条とは、法律的にどういう関係にあるであろうか。もし憲法の規定が、国民ひとりびとりにすべてその能力に応ずる教育を与える義務を国家が負担したのだと解釈するとき、本条と矛盾するのではないだろうか。憲法第二六条の規定について、第九十回帝国議会において、国民が教育を受ける権利を有するのであるが、これに対する義務はだれが負うのであるかという質問に対して、政府は大要次のように答えている。「権利を有するということに対して、直ちにこれに対応する義務があるかというように、公法の場合においては、適確に相対応するものを必ずしも見だしえない。債権債務の関係であれば、権利と義務とが相照応するのであるが、この場合においてはこのような考え方とは違って、国家が国民に対して、『その能力に応じて、ひとしく教育を受ける権利を有する。』と宣言したのであって、国家はその権利を妨げてはならないという義務をもつことはもとよりである。」とした。この考え方からすれば国家は、国民に教育を与える法律上の義務を負うものではなく、法律上の義務としては国家がその権利を妨げてはならないというにとどまるのである。しかし一方、「国家はできるだけ能力に応じて教育を受けさせるところの政策を国是としてとらなければならない。又それを実現して行かなければならないという意味である。」と答えている。要するに一つの宣言的規定として、国家がかかる権利の行使を妨げてはならないとともに、その行使を完全ならしめるための政治的義務を負うものと解した。本法はこの趣旨を明らかにしたものとして憲法の規定とは矛盾しないものと思う。

上に述べたような趣旨からして、全国的に学力試験でもして、優秀な人間にすべて国費でもって専門教育を受けさせるような方法を開く必要はない。したがって義務教育を行う国立公立学校以外の学校で、入学試験を行って、その合格者だけを入学させることはさしつかえないわけである。ここで能力というのは、人の身についた精神的、肉体的能力をいうのであって、人にとっていわば外的な経済的能力を含まない。

「ひとしく」というのは、後に掲げる人種、信条、性別、社会的身分、経済的地位又は門地のいかんにかかわらずひとしくというのである。(1)人種とは、国籍のいかんというのと違って、日本の国籍を取得している国民についてだけいうので、日本の国籍のない外国人には適用がない。(2)信条とは、仏教、キリスト教というような特定の宗教の信仰が代表的なものであるが、一定の主義を信奉する結果有する思想、信念をも含めて考えることができよう。(3)性別即ち男女の別による教育上の機会の不平等は従来はなはだしく、女子には全然門戸を閉ざされていた学校さえあった。(例えば旧制高等学校)これらの性別による機会の不平等はすべて排除されなければならない。なお性別により教育上差別されないことになると、男女にはすべて同一程度、同一学科、同一内容を教授しなければならないであろうか。男女にはそれぞれ特性があり、又それぞれ社会的使命があることを考えるとき、それらに応じてそれぞれ特殊的なものを加えて行くことは、教育の機会均等の趣旨に反するものではない。(4)社会的身分というのは、封建的な身分制度がすべて撤廃された現在においては、職業の差異に基く社会的地位がおもなものであろう。この原因に基く教育上の差別的取り扱いは、従来とてもほとんどその例を見ない。ただ陸海軍の学校において実際上多少社会的身分を考慮したことはあったようである。又師範学校において教員の子を優先的に入学せしめることができた(師範学校規程第三十七条)のがその例であろう。(5)経済的地位というのは、収入の多少、財産の多少による地位であるが、社会的身分というのを広く解すれば、この中に含まれるともいわれるが、能力の中に経済的能力がはいるのではないかという疑問さえあるので、その点の誤解を除く意味もあって、特にここに掲げられたものである。(6)門地とは、いえがらである。新憲法の施行とともに華族や貴族の制度は、廃止せられたが、かかるとき、もと華族や貴族の者又はその子孫と、そうでない者とを区別するとすれば、それが門地による差別待遇の一例となるであろう。

（文部省調査局長　辻田力・東京大学教授　田中二郎　監修、教育法令研究会著『教育基本法の解説』国立書院、一九四七年十二月）

法の解説

憲法は教育を受ける権利を具体的に示すことを法律に譲っている。それを受けた教育の基本を定める教育憲法ともいうべき本法で、憲法の精神をおしひろめるとともに可能な限度を示すものであることをのべ、教育の機会均等の意味を、すべての児童や青年に平等に教育の機会を与え、教育に当たっては被教育者の能力以外の属性によって区別しない。しかし、それはすべての児童・青年に同一の教育を与えることではない。人々に個人差の存することは事実であり、個人差に応ずる教育をすることが天分を伸ばし、個性を完成すると、ここではアメリカ教育使節団報告書を引用して言っている。

能力以外の属性によって差別してはならないと言っているのであって決して能力差別を奨めているわけではないし、むしろアメリカ流に個に応じることが天分を伸ばす手段と言っているようにもとれるが、結果として能力による差別を許している。

制定されたのは、それまで厳然としてあった身分や性別などによる差別が制度の上で廃止されたものの、十分に存在した時期であり、人権意識については全くの啓蒙期であったのだから、人種、信条、性別、社会的身分、経済的地位または門地によって差別をしないと言うだけで画期的であったとも言えよう。

解説書の序の終わりに田中二郎氏は、

「今次の教育基本法も一つの法律であって、教育基本法として決して完全を誇り得るものではないであろう。しかし、ともかくも、国民の総意と責任のもとに制定されたものである。これが正しく理解されるとともに、その理解をもととして更に一段の反省と批判が加えられて、はじめてより完全なものに近づくことも期待されうるのである。（中略）ささやかな解説書が理解に役立ち、教育基本法の反省と批判のいとぐちを与えることとなるならば、望外のしあわせである。」

と記している。私たちは、国家主義的に「改正」しようとする人たちに与することを恐れ、より完全にする努力を怠ってきたのではなかろうか。

ところで教育基本法第三条のもとになった憲法第二十六条は、

「すべて国民は、法律の定めるところにより、その能力に応じて、ひとしく教育を受ける権利を有する。

すべて国民は、法律の定めるところにより、その保護する子女に普通教育を受けさせる義務を負う。義務教育は、これを無償とする。」

とあるが、「その能力に応じて」はどのような意図で立法化されたのであろうか。

弁護士の中川明さんは、

憲法二十六条の立法過程の中では、この二十六条の「能力に応じて」と「ひとしく」の関係をどう捉えるのかということが当然大きな議論になりました。ご存じの方もいらっしゃるかもしれませんけれども、そこでは大きく分けて四つの捉え方がありました。一つは、芦田均という、名前を聞けば皆さん思い出すかも知れませんけれども、後に総理大臣になった芦田さんの意見です。彼はこの能力について、能力には身体的な条件も含ませて、心身ともに健全な人間から優先的に教育機会を与えるべきであり、教育効果の薄い者、学校生活に耐えられぬ身体虚弱者、伝染病疾患等のため他に害を及ぼす者の、主に高等教育を受ける機会は差別されるべきである、というかなりあからさまな能力観に立ってこの規定を読むべきだとの見解を明らかにしたのです。彼はこう言っています。「虚弱で役に立たないような者は、しいて教育の狭い門戸に収容する必要はない。そういう者は、体が弱いなら弱いなりに何らかの方法によって社会に貢献することを考えるべきであって……」と述べています。これは一番極端な議論で、さすがにあまり顧みられませんでした。しかし、こういう議論があったということは、やはり頭のどこかに置いておかなければならないと思います。二番目の意見は、義務教育段階以上の学校制度とその進学条件は、能力、主として知的・精神的能力以外の要因によっては差別されてはならないという考え方です。これは、戦前の学校制度がいわゆる複線型であって、袋小路型になっていたことに対する批判を前提として、単線型の学校制度にすることによって、能力さえあれば上級学校に誰でも進学できるような制度的な保障を確立しようという立場です。哲学者で慶応大学の教授をつとめていた務台理作さん、教育基本法の立法にあたっても非常に大きな力を発揮した人ですけれども、彼の意見がこういう考え方でした。三番目の考え方が、私の論文にもちょっと引用しておいた城戸幡太郎さんとか、高橋誠一郎さんの意見です。「これからの教育は能力に対する評価というよりも、個々の個性をどういう風に社会的に協力させていくか」という立場から、「個性を尊重し問題にしてゆく」という意見とか、あるいは高橋誠一郎さんの「個性に応じて、個性を暢達させるためにすべての者が教育を受ける権利がある」と捉えて、「能力に応じて」を「個性に応じて」と捉えてゆこうと言う立場です。第四番目の立場が川本宇之介さんで、これは知的能力の低い者にも、身体障害がある者にも教育を受ける機会を保障せんとするもので、そのために実は最初の教育基本法の要綱案には「能力と適性に応じて」という案になっていたのです。残念ながら、最終的にその「適性に」は削除されたのですが、彼は知的能力の低い者にも、身体障害のある者にも教育を受ける機会を保障せんとする為に適性と言う言葉をその要綱案に入れようと主張したのです。そういう考え方が四番目にあって、少なくとも立法当時においても、既に障害を持っている人についても、能力に応じてという言葉の中に読み込んでゆくという考え方があったことを、私達は無視することが出来ないと思います。ただ議論の全体は、この第三類型がやはり立法過程での議論をリードしていたように思います。結局はそういう議論を経て、現在の憲法二十六条になり、かつ教育基本法三条が憲法二十六条を受けるものとして規定されたのです。

それを通じて明らかになったことは、立法者の意図は、ひとしく教育を受ける権利を有するということにその力点があるのであって、「能力に応じて」というのは、その「ひとしく」教育を受けるという理念をより実質化するための補充規定と言いますか、そういうものとして位置付けられていたということです。その意味では、憲法十四条の平等を受けて、教育の面におけるその実質化をめざしていた訳です。このように、重点は「ひとしく」にあったということを、まずこの議論を通してしっかりと押えておきたいと思います。

（『中川明さん講演記録』一九九八年九月、於障害児を普通学校へ・全国連絡会研究集会）

と話しておられる。

中川さんの言われるとおり、立法者の意図は「ひとしく教育を受ける権利を有する」ことに力点がおかれ「能力に応じて」は「ひとしく」教育を受ける理念をより実質化するための補助規定として位置づけたものと思われる。

それではなぜ憲法二十六条を受けた教育基本法第三条は「ひとしく、能力に応ずる」と「ひとしく」と「能力に応じて」の順序を入れ替えたのであろうか。中川さんも言われるように同じ精神であれば同じに書くはずである。

憲法第二十六条が「能力に応じて」をひとしく教育を受けるため、能力に応じた手立ての必要を述べているのに対して、教育基本法第三条の「ひとしく」を区切って「その能力に応ずる教育を受ける機会」と続く条文では明らかに「能力に応ずる」に力点が置かれているように読みとれる。法体系を普通教育と特殊教育に分けることを意図して成文化されたのではなかろうか。

憲法が「能力に応じて、ひとしく」とすべての子どもに「普通教育」を保障しているのに、教育基本法第三条によって導かれた学校教育法は別章（六章七十一条から七十五条）を設け、その最初に、盲・聾・養護学校の目的として「小・中・高等学校に準じた教育を施し、あわせてその欠陥を補うために、必要な知識技能を授ける」としている。障害を欠陥ときめつけ、就学先を別学の特殊教育諸学校としているのは学校教育法のもつ差別性であるが、基になっているのが教育基本法第三条であるのだから、その三条をきちんと審査する必要がある。教育の機会均等というものの「能力」に応じてしか（障害児の場合はさらに分離された場所でしか）実現されないということは、教育の機会均等即地域の普通学校、すなわち普通教育からの排除ということになる。本人の意に反する分離を機会均等と言えるだろうか。納得できない輩は大勢いる。

教育法学者や教育学者の間には、「能力に応ずる教育」とは、一人ひとりの子どもの成長の仕方にあわせて必要な教育を保障していくことで、ひとしく教育を受けるための調整機能であるという説もかなり有力であるし、現場でも能力に応ずるの「能力」をテストの成績や偏差値などとは関係ないものとして、子ども丸ごと認めていこうという取り組みの成果もあるのだけれど、制度論になじみにくく、行政や裁判所を動かし得ていない。

一方、教育（学校）は、現実の問題として国や社会の要求に応じる人材を提供しなければならないため、「能力」による差別を続け、能力に応じた教育を、各人の能力の上下に見合った程度の教育だと考えて怪しまない傾向も強い。

一九七一年五月、養護学校義務化を導いた中教審答申の直前であるが、フジテレビの討論会に出席した坂田道太文相が「人間には生まれながらに能力の上・下というものがあります。……事実、能力に差があるのに、差別はけしからんと言って、優れた子も劣った子も同一集団でものを教えるというのは、悪しき平等主義であり、たいへん非能率的なことと言わなくてはなりません。心身障児を特殊学級に入れることとおんなじで、できのいい子と悪い子を別々に教えるということは少しもまちがったことではありません。それによってできる子は足ぶみをせず能力を伸ばすことができるし、できない子も背のびすることがなくなるのです。能力別コースというと、すぐ憲法二十六条に違反していると言われますが、二十六条にも『その能力に応じて』とちゃんと書いてあるじゃありませんか」と発言して、多くの反発を受けたが、この教育観は連綿として続いている。

教育が人の成長を保障するしくみであるならば、人間の生まれながらの能力の上下などを基本に据えてはならない。能力別クラス編成は先天的な能力差という考えでないにしても、既存のテスト成績によって子どもの能力を差別するのであるから、すべての子どもの成長していく権利を保障する教育の精神に反し、すべての人の教育を受ける権利が実質的に能力の高い人だけの権利になってしまう。

養護学校義務化についてはさき（二章）に述べたが、強制的な振り分けに納得できず法廷に持ち込まれたケースでは、まだ分離教育が違憲・違法だという判決を勝ち取った例はないが、東京足立区の金井康治さんの養護学校から地域の学校への転校を求めた自主登校裁判では、現在の段階では分離教育は違法とは言えないとして敗訴であったが、判決文のなかに「障害者と健常者の協力関係は、可能な限り早い機会に確立されることが望ましい。すなわち教育を終えて社会生活を営むにいたった段階では遅きに失するのであり、教育の課程において、すでにその協力関係が確立していることが期待されるのである」（一九八二年一月二十八日、東京高裁）と統合教育が理想であることが示されている。また北海道留萌市の山崎恵さんの特殊学級入級措置取消訴訟では、特殊学級に措置するかどうかは校長の裁量権の範囲で、本人・保護者に決定権はないとして訴えを退けたものの、「本人の意に反して措置された不都合は否定できない」としている（一九九四年五月二十四日、札幌高裁）。

ちなみに世界人権宣言二十六条三では、親が子に与える教育の種類を選択する優先的権利を有することを、子どもの権利に関する条約十八条では、父母が子どもの発育および発達について第一義的に責任を有することを規定している。

教育基本法第三条は、このような流れをすぐに保障することは困難であるが、能力に応じてとは、その子の発達に応じてとして、教委の振り分けを断ったり、点数が取れなくても高校をめざしたりと主体的に実行する余地はある。

しかし、教育基本法見直しのための中教審の報告は第三条について「改正」の必要はないとしながら、その説明に次のようにある。

中央教育審議会（中間報告）（二〇〇二年十一月十四日）

「新しい時代にふさわしい教育基本法と教育振興基本計画の在り方について」

第二章　新しい時代にふさわしい教育基本法の在り方について

2．具体的な改正の方向

(1)前文及び教育の基本理念

(2)教育を受ける権利、義務教育等

①教育の機会均等

○「教育の機会均等」は、憲法の教育を受ける権利（憲法第二十六条第一項）、法の下の平等（同第十四条）の規定を受け、その趣旨を教育において具体的に実現する手掛かりとして規定されたものである。これは、「個人の尊厳」を実質的に確保する上で欠かせないものであり、将来にわたって大切にしなければならない重要な原則である。

○なお、本審議会におけるこれまでの議論においては、現行の規定について、「教育を受ける機会」とあるのを憲法と同様に「教育を受ける権利」と改めてはどうかとの意見や、生涯を通じて学習を行うことを可能とする生涯学習社会を構築するという観点から「生涯にわたり学習する権利」を規定してはどうかとの意見があった。これについては、現行の規定が憲法上の権利を具体化して「教育を受ける機会」が確保される施策を進めることが重要である、との趣旨を表現したものであることや、先に述べたように、今後の教育の基本理念の中で生涯学習の理念を規定することが提案されている点にも留意しながら、引き続き検討していくこととする。
○さらに、障害者など教育上特別の支援が必要な者についての新たな規定を追加すべきではないかという意見もあった。憲法や教育基本法の精神に基づいて教育を行うに当たっては、障害者に対してはその障害の種類や程度に応じた教育が行われるべきことは当然であり、この趣旨をより明確にすることが必要かどうか、引き続き検討していくこととする。なお、その際には、障害者基本法との関係にも留意して検討することが必要である。

中央教育審議会（答申）（二〇〇三年三月二十日）
「新しい時代にふさわしい教育基本法と教育振興基本計画の在り方について」
第二章　新しい時代にふさわしい教育基本法の在り方について
1　教育基本法改正の必要性と改正の視点

2　具体的な改正の方向

(1) 前文及び教育の基本理念

(2) 教育の機会均等、義務教育

①教育の機会均等

○教育の機会均等の原則、奨学の規定は、引き続き規定することが適当。

○教育の機会均等は、憲法に定める教育を受ける権利（憲法第二十六条第一項）、法の下の平等（同第十四条）の規定を受け、その趣旨を教育において具体的に実現する手掛かりとして規定されたものである。これは、「個人の尊厳」を実質的に確保する上で欠かせない大切な原則であるが、これまでの教育がややもすれば過度の平等主義や画一主義に陥りがちであったという指摘にも留意した上で、教育の機会均等の原則や奨学の規定については、引き続き同様に規定することが適当である。

○また、憲法や教育基本法の精神に基づいて教育を行うに当たっては、障害のある子どもなど教育を行う上で特別の支援を必要とする者に対して、その必要に応じ、より配慮された教育が行われることが重要である。

中間報告では障害者については、障害の種類や程度に応じた分離教育が当然とし、さらにこの趣旨をより明確にする必要を検討するとしている。種類や程度は学校教育法施行令二十二条の三

に明記されているにもかかわらずこう記されているのは、ＬＤ（学習障害）やＡＤＨＤ（注意欠陥／多動性障害）、高機能自閉症等も含めてより詳しく分けようというのであろう。しかもその際には、障害者基本法との関係に留意するとある。

障害者基本法は二〇〇四年五月二十七日、次のように改正された。

「旧法第十二条（教育）

1、国及び地方公共団体は、障害者がその年齢、能力並びに障害の種別及び程度に応じ、充分な教育が受けられるようにするため、教育の内容及び方法の改善及び充実を図る等必要な施策を講じなければならない。

2、国及び地方公共団体は、障害者の教育に関する調査研究及び環境の整備を促進しなければならない。」

「新法第十五条（教育）

1、国及び地方公共団体は、障害者が、その年齢、能力及び障害の状態に応じ、十分な教育が受けられるようにするため、教育の内容及び方法の改善及び充実を図る等必要な施策を講じなければならない。

2、国及び地方公共団体は、障害者の教育に関する調査及び研究並びに、学校施策の整備を促進しなければならない。
3、国及び地方公共団体は、障害のある児童及び生徒と障害のない児童及び生徒との交流及び共同学習を積極的に進めることによって、その相互理解を促進しなければならない。」

交流については、すでに二〇〇二年度から実施されている学習指導要領（小中学校、盲・聾・養護学校用とも）に取り入れ済みのことであり、共同学習については内容が不明確であるが、「5、障害のある児童・生徒とその保護者の意思及びニーズを尊重しつつ、障害のある児童・生徒と障害のない児童・生徒が共に育ち学ぶ教育を受けることのできる環境整備を行うこと」を含む附帯決議が採択されたことは、若干であるが前進と言うべきである。

なお答申は前段において、わざわざこれまでの教育が「過度の平等主義や画一主義に陥りがちであった」と言う。

日本の教育において一度たりとも過度の平等主義など存在したことがあっただろうか。子どもたちが学力（偏差値）によって輪切りにされるようになって久しい。この状態を称して平等、画一主義と言うのだから、ねらっているのは能力主義の飛躍的な拡大であろう。

そう考えると、答申が「改正」の必要がないという第三条は「改正案文」の一部として読むべきではなかろうか。

第三条を受け入れ難く思っている人は決して少なくないが、何としても教育基本法「改正」を阻止しなければならないとき、現法の問題点を指摘することは「改正」論に与することだとして憚られてきた。しかし、愛国主義とともに「改正」の柱とも言うべき能力主義である。きちんと「改正案」として批判の対象に据えるべきである。

能力とは少なくとも教育の場においては、国や企業に都合のいいものさしで測られるものであってはならないし、障害児にとって「能力に応じる」とは、ひとしく共に学ぶための手立てでなければならない。私たちはその手立てとして十分に機能する実践を広めていかなければならないことはもちろんであるが、あわせて、とりあえず「改正条文」教育の機会均等を次のように訂正することを提案する。

一、すべて国民は、ひとしく教育を受ける機会を与えられなければならないものであって、人種、信条、性別、社会的身分、経済的地位、障害、又は門地によって、教育上差別されない。

二、国及び地方公共団体は、経済的理由によって修学困難な者に対して、奨学の方法を講じなければならない。

六　体験としての教育基本法

何もなかった時代から守るものとしての教育基本法を意識する時代へ

「あなたの教員生活は、教育基本法が文字どおり機能していたいい時代だったでしょう」と言われたことがある。そういえば私が教員であったのは一九五〇年から八六年までで、確かにいまよりはましな時代であった。しかし、それを教育基本法のお陰だと思ったことは一度もない。

ちなみに、発足したばかりの新制中学校でこんな立派な法律ができたと担任から教育基本法施行を聞き、感激したという人の話を聞いたことがある。当時、国民が大歓迎したわけではないが、担任が情報として伝えたことを真に受けて感激した少年がいても不思議ではないが、ひょっとしたらその感激は、私が一九三九年「青少年学徒ニ賜ハリタル勅語」下賜を聞いて感激したのと同質のものではないかと疑いたくもなる。

強いてその「いい時代」を振り返ってみると、何もない時代であった。物もないが、教育基本法の御利益も学習指導要領の抑圧もなかった。法律より明日の米が心配だったというか、法律を守れば餓死する時代であった。

一九四六年五月一日には一一年振りに復活メーデーが行われているが、松島松太郎が「詔書　国体はゴジされたぞ　朕はタラフク食ってるぞ　ナンジ人民飢えて死ね　ギョメイギョジ」と書いたプラカードを掲げて不敬罪で起訴された食糧メーデーは、直後の五月十九日に皇居前広場で行われた。配給食糧による生活を守って山口良忠判事が栄養失調で亡くなったのは、一九四七年十月十一日であった。

私が最初に勤めたのは江東区の焼跡の小学校であった。教室も教材も足りなかった。子どもたちと、同僚と、地域の人々とひたすら工夫するしかなかった。それでも何かすれば子どもも親も喜び私も嬉しかった。

一九五一年に貞明皇后が亡くなった。教育委員会からは、天皇が詣る時刻にあわせて黙祷すること、弔旗を掲げること、歌舞音曲を慎むこと、午後は休業にすることという連絡があった。職員打合せで校務主任（一九七四年の教頭法制化までこう呼んでいた）がこれを読みあげて、「旗はないもんねー」と言った。それでおしまいであった。守ったのは午後休業だけであった。

教育基本法見直しの動きは公布直後からあったし、天野貞祐文相が、学校の祝日行事に国旗掲揚、君が代斉唱をすすめる通達を出したり、全国教育長会議で修身復活の必要を表明したのは一九五〇年であるが、迎合する現場は稀であった。

一九五三年には山口日記事件が起こった。当時多くの教員組合がしていたように山口県教組も小・中学生の夏休み帳を作成していた。当然平和教材も盛り込まれていた。その枠外の記事の中に、次のようなくだりがあった。

「日本人の中には〝泥棒が家にはいるのをふせぐために、戸じまりをよくし〟〝錠前をかけねばならない〟といってソ連を泥棒にたとえ、戸じまりは再軍備と同じだという人がいます。これは正しい話でしょうか——。表の錠前を大きくばかりして裏の戸をあけっぱなしにしているので、立派な紳士が、どろ靴で上って、家の中の大事な品物を八〇六箇も取ってしまいました。それでも日本人は気がつきません。とられた品物は何かよくみると、それが日本の軍事基地だったのです。一体、どちらが本当の泥棒かわからなくなってしまいますね」

これは当時自由党がさかんに唱えていた「再軍備・戸じまり論」への批判で、当時としては珍しい論ではなかったが、基地の街岩国市教委が「偏向している」と言って配布中止を求め、翌年起こった京都の旭丘中学校事件などとともに、偏向教育攻撃や組合活動を抑圧する教育二法の足がかりにされた。日教組はこれを平和教育への弾圧ととらえ、組織をあげて文部省と対決した。私もこれが偏向教育なら、全教員で偏向教育をしていることになると思い行動に参加していた。

教育二法の一つは、教育公務員特例法の「改正」で、教育公務員の職務と責任を逆用して、教員の政治的行為を地方公務員法ではなく国家公務員法によって制限するというもので、政治的活動の制限を受ける範囲が、所属する地方公共団体から全国になった。私自身、同法の公布前の僅かな期間ではあったが他区の選挙運動に参加した経験がある。

もう一つが、義務教育諸学校の政治的中立の確保に関する臨時措置法であるが、同法の三条「特定の政党を支持させ、又はこれに反対させる教育を行うことを教唆し、又はせん動してはならない」は、教育基本法第八条二項の「法律に定める学校は、特定の政党を支持し、又はこれに反対するための政治教育その他政治的活動をしてはならない」が根拠にされていた。しかし教育基本法第八条一項には「良識ある公民たるに必要な政治的教養は、教育上これを尊重しなければならない」とある。

大臣官房通達にもあるように、この一項こそが尊重されなければならないものであって、二項は、学校教育法にいう学校における政治教育や政治活動の限界を示しただけのものである。

資料　大臣官房通達

教基法第八条の解釈について――第八条第一項は良識ある公民たるに必要な政治的教養は教育上尊重しなければならないと規定し、さらに同条第二項において法律に定める学校すなわち学校法第一条に定める学校は、特定の政党を支持し、またはこれに反対するための政治教育その他政治的活動をしてはならないと規定しています。第二項の趣旨は、学校の政治的中立性を確保するところにあります。もとよりここに規定されているのは教育活動の主体としての学校の活動についてでありまして、学校をはなれた一公民としての教育の行為についてではありません。教員が学校教育活動として、または学校を代表してなす等の行為は、学校の活動と考えられるのであります。教育の個々の行為が法第八条第二項に抵触するか否かは、上記の立法趣旨にのっとり、具体的実情を精査して、大学以外の公立学校にあっては、所轄庁たる教育委員会において適切な判断がなさるべきであります（昭和二四・六・一一委総一　大臣官房総務課長通達）。

（下村哲夫著『教育法規便覧』より）

それをわざわざ法律を制定して強制し、違反者を処分すると明文化するのは一項の精神に反するのではないか、これでは教員が萎縮してしまうという批判も少なからずあった。そのためか、同法公布（一九五四年六月三日）直後の五四年六月九日、次官通達では、思想・言論に不当な抑圧を加えるものではないとし、一切の政治活動を禁止するかのように伝えられているが「無用に萎縮し、ひいては教育の沈滞を来すことのないよう努められたきこと」と述べている。

この時はじめて身近かに、法律の運用というものが一筋ではないこと、権力者によって如何様にもできることをみて地団駄踏む思いをしたものの、自ら教育基本法を守るべきものとして敷衍しようという発想を持つことはなかった。

五七年からは教員に勤務評定が実施され、各地で反対闘争が盛りあがった。五八年には学習指導要領が官報に告示され、法的拘束力を持つとして、教育内容に対する介入や処分が続出するようになる。六一年から六六年までは全国一斉学力テストが実施された。教員同士、学校同士、県同士が成績を巡って競うようになるなか、成績の悪い子が特殊学級に排除された。すでに述べたことであるが、特殊学級在籍者は知的障害とみなされ、テストの対象から除かれたので、成績を上げるのに有効であった。全国的に特殊学級の増設が続き、成績のよい県ほど設置率が高かった。それらの県では高校の多様化も進んだ。

六三年には実質的には教科書統制法である教科書無償措置法が公布され、六六年には「期待される人間像」が発表されている。

七〇年代に入ると、三人の教員が懲戒免職処分を受けた福岡県立伝習館高校事件をはじめ、偏向教育を理由にした教員処分が相次いだ。七二年には保坂展人さんが内申書裁判（四〇頁参照）を起こしている。

このころからであった。教育基本法を依拠し、守るものとして意識しはじめたのは。

日教組の組合員手帳にも七〇年度から掲載されるようになった。それまでの手帳は開くとまず組合歌と「緑の山河」があり、前半が日記、後半が資料編で、組合規約や共済組合のこと、給与のこと、関係機関の連絡先などが続き便利帳のようなものであった。そこに行政による教育現場への介入が頻発するようになり、必要に迫られてという感じで資料編の冒頭に憲法（といっても抜萃で前文の次に一条をとばして九条がくるというもの）に続いて教育基本法が載るようになった。教育基本法は全文載っていたが、丁寧に読むわけでなく、引きよせていたのは第十条「教育は、不当な支配に服することなく、国民全体に対し直接に責任を負って行われるべきものである。
二、教育行政は、この自覚のもとに、教育の目的を遂行するに必要な諸条件の整備確立を目標として行われなければならない」である。よくデモの隊列が文部省前にさしかかると「教育基本法を守れ」とこぶしをあげて叫んだが、もちろんそれは「不当な介入をするな！　十条を守れ！」の意であった。

愛国心・指導要領・通信表

朝日新聞の川柳に

　サマワから命令通りの報告書

というのがあったが、この国の習わしであろうか、教育基本法の見直しについても諮問文は解答つきであった。

直接のきっかけは二〇〇〇年十二月二十二日に出された教育改革国民会議の提言である。教育改革国民会議は二〇〇〇年三月二十七日、小渕首相の私的諮問機関として発足した。四月に小渕首相が死去するや森喜朗首相が引き継ぎ、教育基本法の改定の必要性を説くとともに、内外の批判を浴びながら「日本は天皇を中心にした神の国」「教育勅語にもいいところがある」と発言し続け、改定の内容を誘導した。最終報告は「教育を変える一七の提案」として出された。柱は、

1、人間性豊かな日本人の育成

2、一人一人の才能を伸ばし、創造性に富む人間の育成
3、新しい時代にふさわしい学校づくり
4、新しい時代にふさわしい教育基本法に改定
で、教育基本法改訂の視点として
1、新しい時代に生きる日本人の育成
2、自然・伝統・文化の尊重、家庭・郷土・国家の視点、宗教的情操
3、教育振興基本計画の策定
を示した。

この頃、教育改革国民会議の論議と並行する形で教育基本法改訂を要求する声がいくつかあがっていたが、「新しい教育基本法を求める会（会長・西沢潤一）」では、新しい教育基本法に盛り込んで貫いたい事項として
1、伝統の尊重と愛国心の育成
2、家庭教育の重視
3、宗教的情操の涵養と道徳教育の強化
4、国家と地域社会への奉仕
5、文明の危機に対処するための国際協力
6、教育における行政責任の明確化

をあげ、一歩踏み込んだ要望書を森総理に提出している（二〇〇〇年九月四日）。要望書は、その一項の説明として、

㈠伝統の尊重と愛国心の育成

古来、私たちの祖先は、皇室を国民統合の中心とする安定した社会基盤の上に、伝統尊重を縦軸とし、多様性包容を横軸とする独特の文化を開花させてきました。教育の第一歩は、先ずそうした先人の遺産を学ぶところから発しなければなりません。

伝統文化を学ぶうえで最も大切な学科は「国語」と「歴史」ですが、現行教育は十分にその役割を果たしていません。「国語」は終戦直後の混乱のなかで強行された「国語改革」の後遺症により、児童・生徒を古典から遠ざける結果を招いています。また「歴史」の教科書は、その多くが偏った歴史観の持ち主によって書かれているため、日本の国柄や国民性についての正しい認識を与えないばかりか、それを貶め、祖先を軽侮するような記述に少なからぬ紙面が割かれています。

自国文化に対する愛着の希薄化は、他国文化に対する理解度の低下につながるものであり、無用の摩擦をひきおこす要因にもなっています。

愛国心の育成は、既に現行の小・中学校用「学習指導要領」（国語編・社会編・道徳編）のなかに明記されているにもかかわらず、教基法のなかでは、制定当時の事情によって意図的に排除されたままになっています。

新しい教基法のなかに「伝統の尊重と愛国心の育成」を明記することにより、「学習指導要領」の更なる改善を促し、教科書内容の刷新、教育現場の活性化へと連動させることが望まれます。（傍線筆者）

と書いている。

また、二〇〇一年二月十九日には、新教育基本法検討プロジェクト（千葉商科大学長加藤寛ら）が、教育の目的を「人間が潜在的に有する道徳的・知的能力を発揮させ、わが国の歴史・伝統・文化を正しく伝えることによって立派な日本人をつくることにある」とする「新・教育基本法私案」を発表した。

確かに一九九八年改訂、二〇〇二年全面実施の学習指導要領には、次のように「国を愛する」が入った。

小学校学習指導要領

第2節　社会

第1　目標

社会生活についての理解を図り、我が国の国土と歴史に対する理解と愛情を育て、国際社会に生きる民主的、平和的な国家・社会の形成者として必要な公民的資質の基礎を養う。

第2　各学年の目標及び内容

〔第6学年〕

(1)　国家・社会の発展に大きな働きをした先人の業績や優れた文化遺産について興味・関心と理解を深めるようにするとともに、我が国の歴史や伝統を大切にし、国を愛する心情を育てるようにする。

(2)　日常生活における政治の働きと我が国の政治の考え方及び我が国と関係の深い国の生活や国際社会における我が国の役割を理解できるようにし、平和を願う日本人として世界の国々の人々と共に生きていくことが大切であることを自覚できるようにする。

(3)　社会的事象を具体的に調査し、地図や年表などの各種の基礎的資料を効果的に活用し、調べたことを表現するとともに、社会的事象の意味をより広い視野から考える力を育てるようにする。（傍線筆者）

何とも姑息なやり方ではないか。

学習指導要領は、学校教育法に基づく同施行規則（省令）の委任を受けて文科大臣が告示すればよい。決めやすいところで決めておいて、教育基本法のなかに「伝統の尊重と愛国心の育成」を明記することにより「学習指導要領の更なる改善」を促すという。

事実、告示しただけで法的拘束力を持つとしている学習指導要領により、すでに「愛国心」を評価する通信表が出回っている。

二〇〇二年度福岡市の市立小学校の約半数の六九校が採用した校長会作成の六年生用の通信表は表紙には神社の絵が描かれ、社会科欄には「我が国の歴史や伝統を大切にし、国を愛する信条を持つとともに、平和を願う世界の中の日本人としての自覚を持とうとする」という項があり、1・2・3の三段階に評価するようになっていた。

事を明らかにしたのは残念ながら教員組合に結集する教員でもなければ、平和を願う保護者でもなかった。学校や市教委に人権問題だとして項目の削除を求めて交渉を重ねていた在日コリアンと日本人でつくる市民団体「ウリ・サフェ」（私たちの社会、会長鄭琪満）のメンバーが埒があかないため、福岡県弁護士会に人権救済の申立てをし、記者会見をしてからであった。――ちなみに鄭さんは私が退職まで土曜日の午後教室を開放してやっていた、誰でも学びにきていい、誰でも教え（伝え）にきていい勉強会の大切なメンバーであった。

これは在日コリアンだけの問題ではない。市教委や文科省は「在日外国人に対する配慮が足りないものの、学習指導要領にある文言なので問題はない」と言うが、学習指導要領と同じではない。一項と二項の中から意

図的につまみ取って（傍線部分）つないでいながら、大切な点線部分は除いてしまっているのである。かりに指導要領に従ったとしても、「心情を持つ」「自覚を持とうとする」という子どもの精神の内面を評価するなどということはしてはならない。また通信表という法的には何の根拠も制約もないものを、教委や校長の奨めのまま丁寧に点検することもなく受け入れてしまった教員の怠惰も許されるものではない。管理が厳しくなるなか教員の忙しさも見当はつくが、怠ってはいけないことである。

その後、ウリ・サフェの活動に呼応して、改善を要求する運動が広まり、二〇〇三年度は、発端になった学校はもちろん、福岡市内でこの通信表を採用するところはなくなった。しかし、全国的に類似の「愛国心」を評価する通信表は増える傾向にある。二〇〇三年五月三十日付朝日新聞によれば、全国で一一県一七二校に及ぶとあるが、私の承知している学校はこの中に入っていない。実際にはこの数倍にのぼり、二〇〇四年度はさらに増えていると思われる。

人材の育成をめざす諮問文

法律によらない首相の私的諮問機関に過ぎない教育改革国民会議の提言を受けて、文科省は二〇〇一年十一月二十六日中教審に、

1、教育振興基本計画の策定について

2、新しい時代にふさわしい教育基本法の在り方について

を諮問した。

諮問はさきにのべたように白紙委任ではない。きわめて詳細で具体的な要求がつけられていた。中教審の審議も答申も、最初に改正ありきの諮問によって基本的に枠付けがされていたのである。諮問文は検討すべき事項が具体的に示されているだけでなく、検討に当たっての観点・視点が示されている。検討事項としては、1、教育の基本理念、2、教育の機会均等、義務教育、男女共学、政治教育、宗教教育などの教育の基本原則、3、家庭・学校・地域社会の役割など教育を担うべき主体、4、教育行政、5、前文の五点が挙げられている。そしてこれらの五つの事項についてあらかじめ改正の方向が示され、例えば教育の理念については「⑴時代や社会の変化に対応した教育という視点、⑵一人一人の能力・才能を伸ばし創造性をはぐくむという視点、⑶伝統、文化の尊重など国家、社会の形成者として必要な資質の育成という視点」といった具合で、論議を一定方向に誘導するよう仕組まれている。

諮問理由は、冒頭に、「我が国が果敢に新しい時代に挑戦し、国際社会の中で発展していくためには、国の基盤である教育を改革し、新しい時代にふさわしい人材を育成することが急務の課題となっている」とあり、次の段落で、教育の現状を「子どもたちの問題行動や不登校、社会性や規範意識の希薄化、過度の画一主義などによる個性・能力に応じた教育の軽視」と押さえ、グローバル化、科学技術の進展、環境問題、少子化社会、情報ネットワーク社会の到来など、社会の変化に対応するため教育基本法の新しい時代にふさわしい在り方を検討する必要があると、教育の課題が「新しい時代にふさわしい人材の育成」にあることを明確に示している。教育基本法の前文には「真理と平和を希求する人間の育成」とある。教育はまず「人間」を育てることではないのか。「人間を育てる」ことと、はじめから何かの役に立つ「人材」を育てることとは違う。戦前は「お国のために命を捧げる国民の育成」「国家有用の人材の練成」が教育の目的であった。その国家主義的教育を改めるのが教育基本法であったのだ。

諮問理由は続けて、その人材育成のため「人は一人一人違っているということの価値を再確認して、一人一人が持っている能力・才能を伸ばしていくという視点から議論する必要がある」ことを強調する。そこには一人一人を大切にするというのではなく、最初から「能力に違いがある」として、できる子を早く探してその子の能力を伸ばす教育を行うべきだという立場である。できない子はほどほどにして差別・選別をさらに進めようというのである。

さらに諮問文の検討の視点として「伝統・文化の尊重など国家・社会の形成者として必要な資質の育成」を挙げている。伝統・文化の尊重に異議はないが、何をもって伝統・文化と言うのか、教育改革国民会議の意図を受けてのことであるのだから、やはり戦時中の他国を見下げた偏狭なナショナリズムへの回帰を疑い、私の脳裡には〝国民学校「うたのほん」下〟の「日本」が浮かぶ。

諮問文はさらに各条項に及ぶが、もうここで中教審の審議のありようも答申の内容も見当がついてしまう。

日　本
一 ニッ ポ ン ヨ イ ク ニ キ ヨ イ ク ニ
二 にっ ぽ ん よ い く に つ よ い く に
セ カ イ ニ ヒ ト ツ ノ カ ミ ノ ク ニ
せ か い に か が や く え ら い く に

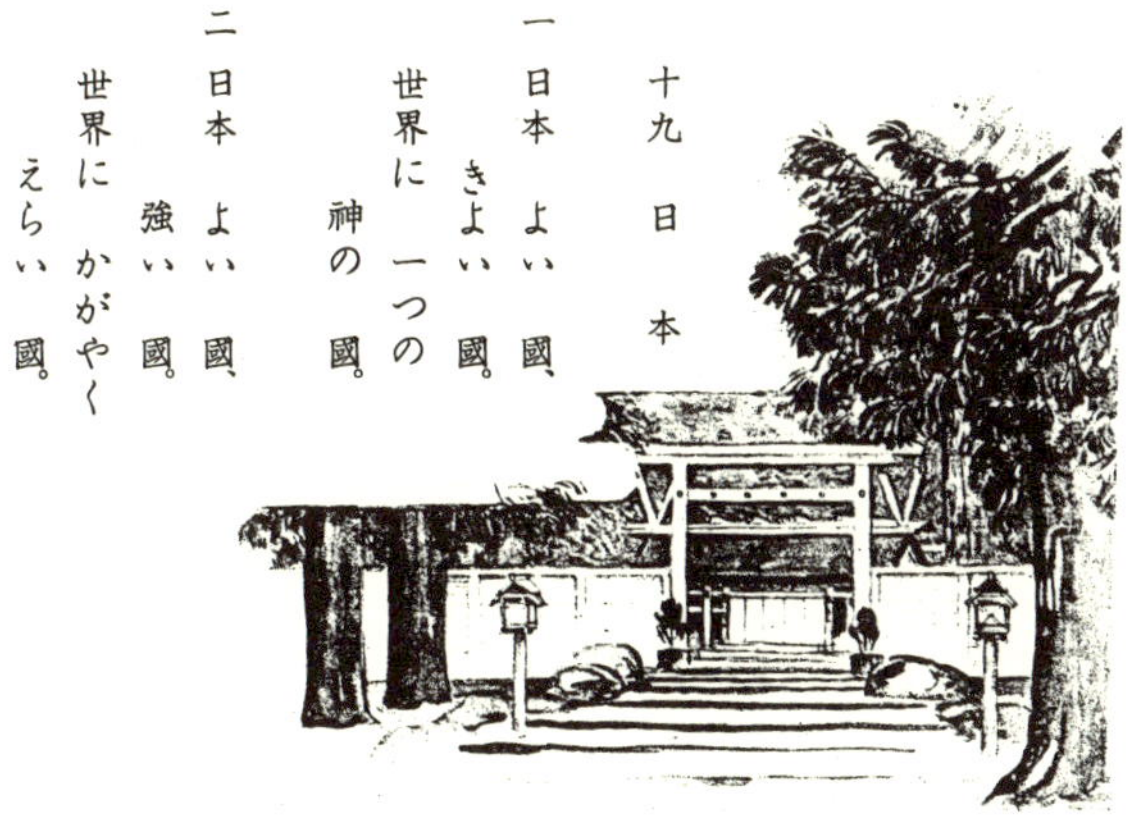
十九　日　本
一　日本　よい　國、
きよい　國。
世界に　一つの
神の　國。
二　日本　よい　國、
強い　國。
世界に　かがやく
えらい　國。

国民学校『うたのほん』下（文部省、1941年）

中教審は審議をしたのか

中教審の審議会は、定足数を満たさない日もある上、議事録をみると発言は勝手な言いっ放しが多くほとんど議論になっていない。従って文科省作成のたたき台が残って答申になって出てきたという始末である。

その間のことを審議会のメンバーでもある市川昭午さんは、著書『教育基本法を考える』(教育開発研究所、二〇〇三年)の中で次のように述べられている。

3　中教審審議の実際

(1)　審議の仕方

今回の中教審では「根本に遡った審議」といわれながら、そうした論議はほとんどなされなかった。教基法は果たして不可欠な法律か。その必要性は認められるとしても、教育の目的や方針を法律で規定してよいものか。国家は教育にどこまで介入することが許されるか。中心となる目的が「人格の完成」でよいのか、など、これらは現行法制定当時から関係者によって根本的な問題として意識されてきたものである。根本に遡って見直すという以上、これらの問題の検討は避けて通れなかったはずであるが、これがなされなかった。

平成一四年七月までの審議の前半は、その日のテーマを中心としながらも、どちらかといえば自由放談会に近いものであり、その成果が答申に反映したということはほとんどなかった。夏休みが終わった後の後半は事務局が作成した中間報告案や答申案の修文に終始した。すなわち、九月と一〇月は中間報告案の作成、二月と三月は答申案の作成に費やされた。

中教審における議事の進め方は中央教育審議会令で決められているが、これが参考資料として委員に配付されたこともなければ、実際にその規定に従って審議が行われたこともなかった。一〇月一七日の第一五回基本問題部会および一〇月二四日の第一六回基本問題部会など出席者が過半数に達しなかったが、名目を懇談会としただけで通常の場合と全く同じように審議が進められた。

審議の仕方は前述した「検討の視点」ごとに議論を尽くし、そのうえで逐一賛否を確認し、必要に応じて決をとるというものではなかった。この点が現行法の要綱案を策定した教刷委といちじるしく異なるところである。教刷委の議事録を見ると、挙手多数とか全会一致などが記録されており、賛否を問うていたことが分かる。

ところが、今回は各委員が当日の議題を中心に自由に自分の見解を述べ、部会長が「議論の大勢はこのようだと判断した」方向でまとめていく方法がとられた。その過程で事務局にとって都合のよい意見は採用されるが、都合の悪い意見はいくら繰り返し述べても採用されなかった。それも反論があって説得されるとか、採決で敗れるというのであれば、まだ納得できるが、ただひたすら無視されるのである。

基本問題部会の審議をどう進めるのかというスケジュールも示されなかった。諮問に従って基本計画の策定に関する審議が先行されたが、まとめもなされないうちに五月一〇日の第七回には基本計画の審議半ばから突如教基法改正に関する審議に移った。これもまとめを始めたばかりで中途のところを打ち切って、六月二五日の第一一回には再び基本計画の策定に転じるという有様であった。なぜこのような審議の仕方がなされるのかについて一切説明はなく、その真意は最後まで分からなかったが、この迷走ぶりの背景に何があったかはきわめて興味深いところである。

六月一四日の第一〇回基本問題部会のごときは全くそれまでになされた議論の蒸し返しであり、各委員がそれまでに述べた意見を繰り返しただけで、時間を無駄にしている感じは否めなかった。引き延ばしを図っているのかなという感想を漏らす委員もいたが、仮にそうだとしてもその理由もまた不可解である。

限られた時間で基本計画を策定するには、これまでに出されている答申、報告等を整理し、体系づけたうえで、不適切なものを除き、整合性に欠ける部分は調整するといった方法で行う他ない。私は四月一九日の第六回基本問題部会で審議は整理・体系化に徹するべきだという意見具申をし、木村副部会長も全面的に賛成だという意向を示した。

これに対し鳥居部会長はそのようにしているつもりだと答えたが、そのようには改められなかった。そのため、現実には審議といっても各委員があらゆる教育問題についてさまざまな改革意見を述べたり、事務局が提出した案文の修正をすることに終始した。結局基本計画は計画の方向を示しただけで、計画の策定には至らなかった。

そのため答申の内容は、教基法に関しては法文に近い形にまで詰めるのでなく、改正の方向を示すにとどまったが、そのうえ詳細な説明も付けられた。他方、基本計画に関しては実際の計画よりはるかに簡単なものとなった。これはいずれも事務局側が法文化に向けて作業をする際の裁量の余地を大きくするためであることを、担当課長と個人的に面談した際に確認できた。

問題はあるが、「改正」には反対

二〇〇二年十一月十四日、中教審は「新しい時代にふさわしい教育基本法と教育振興基本計画の在り方について」と題した中間報告を出した。

中間報告は、教育基本法見直しを当然の結論とし、国際競争時代を生き抜く「たくましい日本人の育成」を主眼に、能力主義と競争主義教育を進める一方、「国を愛する心」や「新しい公共」を打ち出すなど国家主義教育を強調するものであった。

もちろん教員組合や弁護士連合会、各学界などからは意見書や充分な審議を求める要望書などが発表された。しかし、中教審は「国民的な論議が不可欠」と言いながら、全国で僅か五カ所で警戒だけは厳重で形式的な「一日中教審」を開くに止めたし、二〇〇二年十二月に行われた関係者を招いてのヒアリングも人選において公正ではなかった。

そしてアメリカがイラクに攻撃を始めた二〇〇三年三月二十日、その日中教審は「新しい時代にふわさしい教育基本法と教育振興基本計画の在り方について」（答申）を文科大臣に提出した。偶然の一致であろうが、無関係ではない。「新しい時代」は「新しい戦争の時代」と読むべきである。

内容を概観して感じたのは、子どもを管理の対象としかみていない。敵視しているとも読みとれる。「新しい時代を切り拓く心豊かでたくましい日本人の育成」に向けて、能力主義・競争主義教育の徹底であり、能力主義・競争主義教育の徹底で分断し、バラバラにした子どもたちを国家中心に束ねて秩序を維持していこうというものである。同時にそれは対外的に強い国家づくりの意図でもある。

中間報告で批判された部分については表現を穏かにしているが、趣旨の変更はみられない。具体的な見直しの方向の中で、重点の一つである「日本の伝統・文化の尊重、郷土や国を愛する心と国際社会の一員としての意識の涵養」の項の最後の「なお国を愛する心を大切にすることや我が国の伝統・文化を理解し尊重することが、国家主義的な考え方や全体主義的なものになってはならないことはいうまでもない」というくだりについては、内部でも批判があったにもかかわらずあえて載せている。教育改革国民会議からの申し送りであるのだから削除するわけにはいかないのだろうが、国家至上主義的方向に向かうよう仕向けながら、何というふてぶてしさだろうか。もちろんこれは、けっして全体主義や国家至上主義になることを警戒して歯止めをかけようというものではない。すでに日本の社会は充分に全体主義的になっている。これは〝これからは国民をより国家至上主義的方向に誘導するぞ〟という宣言と読み取らなければならない。

教育基本法「改正」の必要の理由として中教審答申は、時代の変遷とともに、子どもたちの問題行動や規範意識の低下、学ぶ意欲の低下など深刻な教育の現状を、あたかもそれが現行教育基本法の責任であるかのように挙げている。これに対して、それは教育基本法を遵守しないから起こっていることだと言って反対する人々がいる。その人々の多くは、教育基本法を変える必要のない「立派なもの」という立場をとっている。

私は、いま行われようとしている教育基本法「改正」には反対であるが、現基本法を完全無欠とは思っていない。

そもそも教育基本法の理念や価値は歴史的相対的なものであって、普遍的なものではない。それは、かつて批判的であった日教組をはじめ民主的と言われた組織や個人が、いま「改正」反対運動の中心になっていることによっても明らかである。私自身について言えば、さきにのべた教育二法の一つ「義務教育諸学校の政治的中立の確保に関する臨時措置法」が教育基本法第八条に依拠して成立し施行されたときには、教育基本法という法によって、私の活動がこう制限されるのかと思ったものである。教育基本法が私たちにとってもよりどころになり得ると思うようになるのは、その後の学力テストや勤務評定、教科書検定等の裁判闘争にかかわるようになってからであった。

それでも「改正」に反対するのは以下のようなわけがある。まず、発端になった教育改革国民会議から中教審に至るまでの経過が不届きであり「違法」である。また「改正」の是非について全く審議されていない。

従って「改正」はすべて返上したいのであって、各条項の批判など本意ではないのだけれど。「改正」の理由にされているさまざまな問題は、確かに教育基本法下で起こっているが、それは、教育基本法を「解釈改憲」的な手法で用い、能力主義による差別・選別教育を進め、教員に国家や企業が要求する人材を提供する役割を担わせてきた。「改正」はその現実を一般化させた上でそれを一層強力に進めようとするものである。すなわち今日の憂うべき教育の状況は、行政による不当な介入がつくり出したものと言ってよい。にもかかわらず、第十条の「教育は不当な支配に服してはならないという規定は、引き続き規定することが適当」としている。ということは、これまでの行政の不当な介入は適当なことと正当化し、さらに不当な介入を広げていこうという意図である。

三条の一項「……ひとしく、その能力に応ずる教育を受ける機会……」についてはさきに述べたが、二項についても「引き続き規定することが適当」としている。この項については、「改正」反対の立場の人の中にも、貧しい人にも配慮していると評価する人がいるが、そうではない。現実問題として貧富の差はあるし、ますます拡大の傾向にあるが、機会均等というなら教育上差が現われないようにしなければならない。現在奨学金制度は満足のいく公平な形では運営されていない。少なくとも経済的不平等を克服できるほどの施策が打たれたことはない。義務教育の無償にしても授業料を徴収しないだけでしかない。教科書統制法と言われるように、統制とひきかえに得た教科書無償措置法にしても度々打ち切りの危険にさらされている。無条件の無償の範囲を広めなければならない。

第五条の男女共学について「改正」は、男女共学の趣旨が広く浸透し、性別による制度的な教育機会の差異もなくなっており、規定は削除することが適当という。そうであろうか、現実には、公立でありながら女の入れない高校がある。男の入れない高校もある。共学制をとっていても、一緒の学校・教室にいるというだけで平等、共学が実現していない所もある。それまで女子のみに必修であった家庭科が男女共修になったのは中学が一九九三年で、高校では九四年と始まったばかりである。ようやくここまできたのだ。これからというとき揺り戻しである。「改正」案に呼応するように男女混合名簿廃止の動きもさかんになってきている。

男女共学の規定を削除しようという意図は、新しく家庭教育の条項を起こそうということと連動している。家庭教育について現行は、社会教育の一項に「家庭教育及び勤労の場所その他社会において行われる教育は国及び地方公共団体によって奨励されなければならない」とある。これで充分だと思うが、とり出して、家庭を学校教育への協力者と位置づけ、その責任と役割を問おうというのである。家庭はプライバシーであるとともに、密室性故の問題もみえてきた。しかし、原則的にはどんな家庭生活を営むかは、それぞれの問題であって国に指図されることではない。家庭は大切であるが、家庭を持たない選択もある。国の都合に合わせるわけにはいかない。「改正」は、家庭とは、父母、きょうだい和気あいあいの場と言いたげである。二〇〇四年文科省は家庭教育手帳を五年ぶりに改訂したが、相変わらず家族揃って食事をすることの大切さなどが強調されている。しわよせは子どもにいく。それも最も厳しい子にである。

九条の宗教に関する教育、ここが与党内の争点の一つで法案提出が遅れている。現行は特定の宗教でない宗教的情操の涵養を図る教育を禁止していると解されるが、「改正」は、このことを二項の拡大解釈だと言い、「宗教の持つ意義を尊重することが重要であり、その旨を適切に規定することが適当」と宗教的情操を涵養することについて規定したいようである。すでに学習指導要領には、一九七七年度以降「畏敬の念」が示され、それに基づいた道徳教育が行われている。戦前「神道は宗教にあらず」として教育の場で神社参拝が強制されるなど、神権主義的天皇制や超国家主義の思想教育が行われた反省から、徹底した信教の自由、政教分離原則を憲法で規定し、それを受けた現行法である。その信教の自由、政教分離が危機に瀕し、国家神道の復活がねらわれている。ちなみに二〇〇四年四月七日、福岡地裁で小泉首相の靖国神社参拝は違憲という判断を示した裁判長は遺書を書いて判決に臨んだと聞く。

他の条項についても納得しているわけではないが、省略して最後に一条の教育の目的について、「改正」は現行法の基本理念を引き続き規定するのが適当としながら、教育の目的に新たな徳目として「日本の伝統・文化の尊重、郷土や国を愛する心」など国家主義的なことを加えようとしている。一体、法で心のありようを決めることができるのか。このことは教育基本法制定時にも論じられたようであるが、当時としては教育勅語体制からの脱却をめざして、民主的改革のための啓蒙的必要から、あえて具体的に教育目的が盛られたようである。そうであれば「改正」に当たって削除してよいのであろうが、中教審審議の最終回で答申案の説明に立った布村幸彦生涯学習政策局政策課長は「教育の目的、方針といたしまして、一般的に国民として必要と考えられるものを法律で規定することが、直接個人の内心の自由を冒すものではない」と断言している。まさに教育と国家の新体制を示したものである。これとどう対応するのか。緊急な課題である。

国家のための教育を露にした与党協中間報告

教育改革国民会議の座長であった江崎玲於奈の「優生学」発言「いずれは就学時に遺伝子検査を行い、それぞれの子どもの遺伝情報に見合った教育をしていく形になっていきますよ」はさき(三章)に紹介したが、愛媛で行われたタウンミーティングで毛利衛が同様の発言をしている。

内閣府主催、〝国の教育改革について閣僚と語る〟と銘打った「教育改革タウンミーティング愛媛」は、二〇〇四年四月の山形に続いて五月十五日、愛媛県松山市で、河村建夫文科相、鳥居泰彦中教審会長、北城格太郎経済同友会代表幹事、宇宙飛行士の毛利衛日本科学未来館館長をパネラーにして行われた。参加者の報告や愛媛新聞によれば、タウンミーティングと言いながら警戒は厳重で、セキュリティ・チェック態勢。進行は二時間のうちフロアからの発言は一六分、パネリストは無制限で、まるで「伝達」集会と言ったほうがよいくらいであった。鳥居会長は、「教育の目標はエクセレントな国民、質の高い国民をつくることだ。それにはコストがかかる。凡庸な若者たちを後世に残せば、その後始末に後世の人々は大きな苦労をする。今それを防がないといけない」。河村文科相は「戦争に利用されたからといって『教育勅語』が全部間違っていたとは言えないと思う。夫婦や兄弟仲良く、友達は信じなさい、という大事な倫理力が書いてある」と語った。フロアからの発言は、「改正」に賛成のものもあったが、むしろ、いまこそ教育基本法を生かすべきだという発言が多かったという。

ある学生が「僕は国や企業のための人材ではない」と話したのに対して、毛利衛は「国の税金で学んでいるのだから、役に立たなければならない」と彼を責めたあと、「人間は一人ひとり差がある。それは持って生まれた遺伝子組合せの差であるから、教育は機会均等だが、同じチャンスを与えても出てくるものは違う。それを埋めるのが習熟度別学習だ」と言い、それに続けて河村文科相も「DNAで決まっている。全員に同じ教育をして落ちこぼれをつくるよりも、それぞれに合った教育をしたほうが本人にとって幸せ」と言ったという。幸せのありようまで文科大臣に決められたくはないが、教育を受ける価値があるかどうか、分けることを教育改革と言う。

六月十六日、与党の「教育基本法改正協議会」(以下、与党協)の「与党教育基本法改正に関する検討会」の中間報告が発表された。すでに超党派の「教育基本法改正促進委員会」も六月十一日に「新教育基本法大綱案」をまとめているし、財界も教育基本法「改正」、憲法「改正」に向けて動きが活発になっている。

自民・公明が合意したことで「改正」は新たな段階に入り、次期国会に上程されることは必至であろう。

与党協の中間報告は、前文の憲法理念の扱い、愛国心や宗教教育の表現など、まだ決着のついていない部分はあるものの、前文を全面的に書き換えるほか、十一条の現行法を一八項目に再編する全面的な「改正」案で、二〇〇三年三月二十日の中教審最終答申よりさらにエスカレートしている。

まず「教育の目的」でむき出しに「教育は、人格の完成を目指し、心身ともに健康な国民の育成を目的とすること」としている。教育の目的など国の法律で決めること自体いかがわしいことであるが、それでも現行の「国民の育成」には「平和的な国家及び社会の形成者として」という限定がついているが、与党協案はひたすら（戦争をする）国の求める心身ともに健康な国民の育成をめざしている。

「教育の目標」では目的を実現するためとして「道徳心の涵養」「公共の精神を重視」「伝統文化を尊重し、郷土と国を愛し（大切にし）、国際社会の平和と発展に寄与する態度の涵養」など六項目をあげている。「平和」は、かつて戦争が平和のためであったことと同義で、憲法に言う「戦争放棄」ではなく、多国籍軍参加を意味している。

「教育の機会均等」は現条文で充分能力主義を進めることができるとして、中教審が「改正」の必要なしとしていたものであるが、「国民は、能力に応じた教育を受ける機会を与えられ、人種、信条、性別によって差別されないこと」として、憲法二十六条にもある「ひとしく」を削除している。私たちは「能力に応ずる」とは、ひとしく教育を受けるための調整機能として位置づけるなら存続もやむを得ないが、むしろ削除すべきだと主張してきた。ところが「ひとしく」が削除され、「能力に応じた」がむき出しになった。「能力」に応じて不平等にするという宣言である。「能力の伸張」や「職業との関連重視」等の目標と相俟ってエリート教育のための複線化、分離教育の推進を示している。

「義務教育」の項では「国民としての素養を身につけるために行われる」と規定し、「権利としての教育」を否定している。さらには、現行五条の「男女共学」を廃止し、「家庭教育」や「幼児教育」を加えている。あるべき家庭像の押しつけである。

また肝心の「教育行政」では、現行では、教育と教育行政を区別し、一項で教育の自主性を謳い、二項で教育行政の責務を条件整備確立としているのに、与党協案は「教育行政は不当な支配に服することなく」と不当な支配の意味を逆転させている。これで「国家のための、国家戦略としての、国家権力による教育」を進めるための「改正」であることが、より明確になった。

資料　教育年表

年　月	国内の動き	国際的な動き
一九四六年（昭二十一）	日本国憲法公布	
一九四七年（昭二十二）	教育基本法・学校教育法公布 学習指導要領一般編（試案）刊 新学制発足	
一九四八年（昭二十三）	教育勅語等衆議院で排除、参議院で失効確認決議 教育委員会法公布	
一九五二年（昭二十七）	文部省初中教育局に特殊教育室設置	
一九五三年（昭二十八）	中央教育審議会（中教審）発足 文部省「教育上特別な取扱を要する児童生徒の判別基準について」通達	
一九五七年（昭三十二）		ソ連スプートニク打ち上げ成功
一九五八年	学習指導要領改訂　官報に告示、行事等に「国旗を掲揚	

(昭三十三)	し国歌を斉唱することが望ましい」、能力・適性重視。 学校保健法公布	
一九五九年(昭三十四)	中教審「特殊教育の振興充実について」答申	
一九六六年(昭四十一)	文部省「期待される人間像」発表	
一九六八年(昭四十三)	学習指導要領改訂「教育の現代化」	
一九七一年(昭四十六)	中教審答申(四六答申)第三の教育改革をめざす	
一九七七年(昭五十二)	学習指導要領改訂「ゆとりと充実」(君が代を国歌化)	
一九七九年(昭五十四)	養護学校義務制実施 共通一次試験実施開始	国連「女子差別撤廃条約」採択 国連 国際児童年
一九八一年(昭五十六)		国連 国際障害者年
一九八四年(昭五十九)	臨時教育審議会設置 一次~四次(八四~八七)答申	

一九八五年（昭六十）			「女子差別撤廃条約」日本批准
一九八九年（平成元）	三月	学習指導要領改訂「新しい学力観」「入学・卒業式で国旗を掲揚し国歌を斉唱するよう指導する」	国連「子どもの権利条約」採択
一九九〇年（平成二）	一月	大学入試センター試験実施	
一九九一年（平成三）	三月	指導要領改訂「観点別評価の導入・絶対評価へ」	
一九九二年（平成四）	九月	学校週五日制（第二土曜）スタート	
一九九三年（平成五年）	二月	高校入試から業者テスト排除	
一九九四年（平成六年）			「子どもの権利条約」日本批准 ユネスコ「サラマンカ宣言」採択
一九九五年（平成七）	一月	阪神大震災で学校が避難所になる	
	四月	月二回の学校週五日制スタート	
	九月	東京中野区教育委員会の準公選廃止	
		日教組、文部省との協調路線を打ち出す	

一九九七年（平成九）	六月	神戸で児童連続殺傷事件	
一九九八年（平成十）	十二月	学習指導要領改訂「生きる力」 中高一貫教育の選択的導入（学校教育法一部改訂）	
一九九九年（平成十一）	一月	広島県立世羅高校長、国旗・国歌強制問題に悩み自殺	
	八月	国旗・国歌法成立	
二〇〇〇年（平成十二）	十二月	教育改革国民会議最終報告（教育基本法見直しを含む十七の提案）	
二〇〇一年（平成十三）	一月	文部省、科学技術庁を統合し、文部科学省発足	ＯＥＣＤ学習到達度調査結果発表
		文科省、十七の提案に即する二十一世紀教育新生プラン策定	
		二十一世紀の特殊教育の在り方に関する調査研究協力者会議「二十一世紀の特殊教育の在り方について」〜一人一人ニーズに応じた特別な支援の在り方について（最終報告）	
	三月	四〇人以下学級を可能にする改正定数法成立	
	四月	新しい歴史教科書をつくる会中学教科書検定パス	
		東京品川区で小学校選択制実施	
二〇〇二年（平成十四）	一月	文科省、確かな学力の向上をめざすアピール「学びのすすめ」発表	

	四月	文科省、『心のノート』を全小中学生に配付 文科省、学校教育法施行令一部改正（盲・聾・養護学校への就学基準及び就学手続きの見直し） 完全学校週五日制実施
	七月	中教審、「青少年の奉仕・体験活動の推進策」答申 教科書検定調査審議会、学習指導要領の範囲を超える記述を認める決定
	十一月	中教審、教育基本法改定中間報告発表
二〇〇三年（平十五）	三月	中教審、教育基本法改定最終答申発表 特別支援教育の在り方に関する調査研究協力者会議「今後の特別支援教育の在り方について」最終報告発表
	十二月	学習指導要領一部改正（基準性を明確にするとともに「～は扱わない」などの歯止め規定を緩和）
二〇〇四年（平十六）	一月	文科省、小・中学校におけるＬＤ（学習障害）、ＡＤＨＤ（注意欠陥／多動性障害）、高機能自閉症の児童生徒への教育支援体制の整備のためのガイドライン（試案）発表

あとがき

教員生活半ばにして、教員を続けるなら〝できない子〟にも教えられる上等な教員にならなければと決心して、あらためて「特殊教育」を学び、一枚余分な免許状を持って特殊学級の担任になったとき、迎えてくれた生徒が「先生も落第してきたの？」と同情の念を示した。人間その身にならなければわからないことがある。そこにいる子どもたちが来たくて来ているのではないことを知って愕然とした。一九六五年のことである。

〝子どもを分けてはならない〟と気が付いて、とりあえず普通学級との交流を試みた。分けられた悲哀を少しでも減らすつもりであった。当時のこと、壁は厚かった。厚いほど張り合いがあった。教科の交流はもちろん、文化祭も企画の段階から参加することを教員間で取り付け、どんなに喜ぶかと期待してクラスで告げると、生徒から出た言葉は「なぜ一緒にやらなければならないか」であった。「同じ学校の生徒だから当然だろう」と言うと、返ってきたのは「一緒がいいならなぜ分けた」であった。交流が共に学ぶことではないことを教えられた大切な言葉で、私の最初の本のタイトルに使わせてもらっている。

以来、〝分けないこと〟を言いつづけ、共に学ぶ学校づくりをめざしてきた。

今、世界は統合に向かっている。誰憚ることなく、〝共に生き共に学ぶことは理想だ〟と言えるようになった。地域で共に学ぶ取組みも進んできた。各地の教育委員会も、本人・保護者の意思に反して分離措置をするケースは少なくなった。地域のグループの取組みも、就学問題と共に、入学後の学校の対応が課題になってきている。にもかかわらず、教育行政はより分離に向かっている。能力主義が進むなか、分離は障害児だけでなくすべての子どもの問題になってきた。もう身近な問題へのモグラタタキ的対応ではすまないことは明らかである。教育基本法「改正」に疑問をもつ人たちにも、ぜひ一緒に考えてもらいたいと思った。

実は、二〇〇一年四月七日午後、専修大学で行われた現代史研究会主催のシンポジウムに参加した。パネリストは生方卓さん（明治大学）と斉藤貴男さん（ノンフィクション作家）のお二人であった。教育改革国民会議の会議録を読むことが主題で、私は本書でも引用させていただいた斉藤さんの『機会不平等』を読んでいたので、直に話を聞きたくて参加した。まだ教育基本法見直しの諮問もされていないときで、メインではなかったが、議論が教育基本法に及んだので、「三条であるが、能力に応じて差別してよいと読み取れるし、障害児の分離教育の基になっているので、〝能力〟の文字は削除したほうがよい。また、子どもの人権については、制定当時ほとんど意識されていなかったことなので、意見表明権として付け加えるべきではないか」と、かねがね分離教育に疑問をもつ人々の間で話題になっていることを述べたが、会場からはほとんど反応はなく、生方さんが「教育基本法は学校教育だけが対象ではないので……」と言われただけであった。

以後、教育基本法「改正」についての議論が盛んになっていくなか、私は言いつづけたが、このことをはじめ、現教育基本法を見据えての議論は国民教育文化総合研究所の集会で若干あった以外、ほとんどなかった。特に二〇〇一年十一月二十六日の諮問以降、現法の批判をすることは「改正」派に与するとして難しくなり、私は悶々としがちであった。

そのとき、現代書館の菊地泰博さんが、「(障害をもつ人々と付き合ってきた)私たちの側から発言する必要があるのでは」と出版を勧めてくださった。いささか遅きに失した感はあるが、身に余るありがたいことなので、応じて筆を起こした次第である。小林律子さんが、資料どっさり、書きなぐりの原稿をきれいに編集してくださった。

構想の段階では、五章・六章を主にするつもりであったが、実際にはそれに至るところに紙幅を費やしてしまった。それは、資料を確かめ書いているうちに、今日の教育改革は最近になって起こったのではなく、四六答申以来の戦後の民主教育を一掃しようとする人たちの一貫した執念であることを確認したからである。常識を逸した中曽根首相の臨教審も、小渕首相の教育改革国民会議も強引に進めるための手立てであった。臆面もなく今年六月十六日に出された与党の教育改革改正協議会の中間報告を見ると、情勢は緊迫している。だからこそ、「改正」に反対するだけでなく、実践を積み重ねると共に、現法に内在する問題点やこれまでのかかわり方についても自覚的に点検して、この危機を乗り越え、新たな展望を開いていきたい。

二〇〇四年　七月末日

著　者

北村小夜（きたむら　さよ）

一九二五年、福岡県生まれ。

一九五〇年から八六年まで都内の小・中学校で教員（うち六五年から八六年までは特殊学級担任）。

障害児を普通学校へ・全国連絡会世話人。

著書『一緒がいいならなぜ分けた』『障害児の高校進学・ガイド』（編著）、『地域の学校で共に学ぶ』（編著）、『再び住んでみた中国』（以上、現代書館）、

能力主義と教育基本法「改正」
——非才、無才、そして障害者の立場から考える——

二〇〇四年八月十五日　第一版第一刷発行

著　者　北村小夜
発行者　菊地泰博
発行所　株式会社 現代書館
東京都千代田区飯田橋三－二－五
郵便番号　102－0072
電　話　03（3221）1321
FAX　03（3262）5906
振　替　00120－3－83725
組　版　ACT・AIN
印刷所　平河工業社（本文）
東光印刷所（カバー）
製本所　矢嶋製本

校正協力・東京出版サービスセンター
 ISBN4-7684-3442-8
定価はカバーに表示してあります。乱丁・落丁本はおとりかえいたします。
http://www.gendaishokan.co.jp/

現代書館

北村小夜 著
一緒がいいならなぜ分けた
特殊学級の中から

「よりよい、手厚い教育」をと期待を抱いて始めた特殊学級担任。しかし、そこで子どもに言われた言葉は「先生も落第してきたの?」だった。以来20余年、分けられた子どもたちの無念と憤りを共に闘ってきた著者と子どもたちの記録。

1500円＋税

北村小夜 編
障害児の高校進学・ガイド
「うちらも行くんよ!」14都道府県の取り組み

障害があっても、遅れていても、小中学校を共に過ごした同級生たちがあたり前に高校へ行くように、私たちも高校へ行きたい。この願いに応えて、障害児の高校進学を実現するための入試方法の改善、入試選抜制度に風穴をあける取り組みの数々。

2200円＋税

北村小夜 編
地域の学校で共に学ぶ
小・中・高校、養護学校　教師の実践

障害があっても、遅れていても、子どもは子どもの中で学び、育つ。小・中学校そして高校でも、共に学ぶことを求める流れは止まらない。授業・評価、行事(運動会など)、具体的な20の実践例から、分けない、共に学ぶ教育の内実を紹介。

2500円＋税

北村小夜 著
再び住んでみた中国
長春(旧新京)で日本語を教える

若き頃、救護看護婦として中国(旧満州)で敗戦を迎え、八路軍と共に大陸を歩いた著者が、30余年間の教員生活を経、退職後再び日本語教師として長春に住む。45年の年月を経て見る中国の街、人々の暮らし、政治・教育、中日の歴史と現在。

1900円＋税

北村小夜が語り、北村小夜と語る集い実行委員会 編
おもちゃ箱ひっくり返した
ひとりの女・教師の半生

若き頃、八路軍とともに大陸を歩き、後教職へ。20年間の特殊学級担任を含め36年間勤めて定年退職させられた北村小夜が、共に学ぶ教育、教育労働運動、反公害運動、戦争、自分史を語る。対談者山尾謙二・渡部淳・石上正夫・宇井純。

1500円＋税

子どもの権利条約の趣旨を徹底する研究会 編
統合教育へ一歩踏み出す
条約・規則・宣言を使って

子どもの権利条約・障害者の機会均等化に関する基準規則、ユネスコのサラマンカ宣言にみるように、障害をもつ子もそうでない子も共に学ぶ教育は世界の潮流である。分離教育の基本を崩さない日本の障害児教育を統合教育に転換させる理論・実践的提言。

1600円＋税

定価は二〇〇四年八月一日現在のものです。